O grijehu, pravednosti i osudi

„I kad On dođe pokaraće svijet za grijeh, i za pravdu, i za sud..."

(Jevanđelje po Jovanu 16:8)

Serija svetost i moć (uvod 1)

O grijehu, pravednosti i osudi

Serije Dvonedjeljnih posebnih službi preporoda - 1

Dr. Džerok Li

O grijehu, pravednosti i osudi od strane dr. Džeroka Lija
Objavile Urim knjige (Predstavnik: Johnny. H. Kim)
73, Yeouidaebang-ro 22-gil, Dongjak-gu, Seul, Koreja
www.urimbooks.com

Sva prava su zadržana. Ova knjiga ili njeni pojedini dijelovi ne smiju biti reprodukovani u bilo kojoj formi, ili biti smješteni u bilo kom renta sistemu, ili biti transmitovana bilo kojim načinom, elektronski, mehanički, fotokopiranjem, snimanjem, ili slično, bez prethodnog pismenog ovlašćenja izdavača.

Ukoliko nije drukčije navedeno, svi Biblijski navodi uzeti su iz Svetog Pisma, NOVA AMERIČKA STANDARDNA BIBLIJA, ®, Autorska Prava© 1960, 1962, 1963, 1968, 1971, 1972, 1973, 1975, 1977, 1995 od strane The Lockman Foundation. Korišćeno uz dozvolu.

Autorska prava © 2016 od strane dr. Džerok Lija
ISBN: 979-11-263-1172-9 03230
Prevodilačka Autorska Prava © 2013, dr. Ester K. Čung (Dr. Esther K. Chung). Korišćeno uz dozvolu.

Prvo izdanje u Decebru 2023.god.

Prethodno objavljeno u Koreji 2011.god., od strane Urim Knjiga u Seulu, Koreja

Uredila dr. GeumsunVin
Dizajnirao urednički biro Urim Books
Za više informacija kontaktirajte: urimbook@hotmail.com

Primjedba autora

**Molitva da će čitaoci postati pravedne
osobe koje primaju Božju veliku ljubav i blagoslove...**

Kada je veliki reformista Martin Luter bio mlad, doživio je traumatično iskustvo. Jednog dana, dok su on i njegov prijatelj stajali ispod drveta da bi se sakrili od kiše, drvo je pogodila munja a njegov prijatelj, koji je bio odmah do njega, umro je. Zbog ovog događaja, Luter je postao monah i on je patio zbog straha od Boga koji sudi i osuđuje grijeh. Iako je dosta vremena provodio u ispovjedaonici, on nije mogao da pronađe rešenje za problem grijeha. Ma koliko da je studirao Bibliju, on nije mogao da pronađe odgovor na pitanje: „Kako nepravedan čovjek može da ugodi pravednom Bogu?"

Onda je jednog dana, dok je čitao jedno od Pavlovih pisama, konačno našao mir koji je toliko dugo tražio. Navedeno je u Poslanici Rimljanima 1:17: „Jer se u Njemu javlja pravda Božja iz vjere u vjeru, kao što je napisano: „Pravednik će od vjere živ biti.'" Luter je bio oduševljen „Božjom pravednošću." Čak iako je do ovoga trenutka poznavao samo pravednost Božju koja sudi svim ljudima, on je sada razumio pravednost Božju koja slobodno daje oproštaj grijeha svim ljudima koji vjeruju u Isusa Hrista, a On čak i naziva njih „pravednima." Nakon ovog shvatanja, Luter je živio u vječnoj strasti za istinom.

Na ovaj način, Bog ne priznaje samo one koji vjeruju u Isusa Hrista kao „pravedne;" već On im daje Svetog Duha kao dar kako bi mogli da znaju o grijehu, pravednosti i osudi, da bi mogli slobodno da se povinuju Bogu i ispune Njegovu volju. Prema tome, mi ne treba da se zaustavimo kada primimo Isusa Hrista i kada smo nazvani pravednima. Veoma je važno da postanemo zaista pravedna osoba dok odbacujemo grijeh i zlo koje je u nama uz pomoć Svetog Duha.

U poslednjih 12 godina Bog je dozvoljavao da se u našoj crkvi održavaju dvonedjeljne posebne službe preporoda svake godine da bi svi članovi crkve mogli da prime blagoslov u postajanju pravedne osobe kroz vjeru. On nas je vodio do te tačke gdje smo mogli da primimo odgovore na sve vrste naših molitva koje smo Njemu darovali. On nas je takođe vodio da razumijemo različite dimenzije duha, dobrote, svjetlosti i ljubavi, kako bi mogli da primimo Božju moć u našim životima.

A sa svakom godinom, kako smo koračali sa našom vjerom ka svetosti i moći, Bog je blagoslovio mnoge ljude svih nacija da iskuse moć Božju koja je zapisana u Bibliji i koja prevazilazi vrijeme i prostor.

Mi smo objavili serije službi preporoda: „Svetost i moć," koje sadrže poruku Božjeg dubokog proviđenja, kako bi čitaoci mogli da sistematski uče o njima. Poruke preporoda od prve tri godine služe kao jedan „Uvod." One se odnose na to kojim putem treba da se ide ka iskrenoj pravednosti uklanjajući zid grijeha koji stoji između nas i Boga. Onda, poruke od narednih četiri godina uče o djelima prema svetosti i moći, koje služe kao „Srž poruke." Na kraju, poruke od poslednjih pet godina stoje za to kako iskusiti Božju moć uz praktikovanje Riječi. To će služiti kao dio „Molbe" ovog izdanja.

Danas, postoje mnogi ljudi koji nastavljaju sa njihovim životom a da čak i ne znaju šta je grijeh, i o čemu se radi u osudi. Čak i oni koji idu u crkvu nemaju sigurnost u spasenju i oni žive svjetovnim životom-baš kao i svi ostali u svijetu. Šta više, oni ne vode hrišćanski život koji je pravedan u skladu sa Bogom, već pravednost koja je u skladu sa onim što oni smatraju pravednim. Tako da O grijehu, pravednosit i osudi je prva knjiga serija ceremonije Svetost i moć koja se odnosi na to kako mi možemo da vodimo uspješan hrišćanski život dok primamo oproštaje za naše grijehove i dok ispunjavamo pravednost Božju u našim životima.

    Da bi potvrdio učenje sa dokazom Njegove moći, na prvoj sjednici prvog dana našeg preporoda 1993. godine, Bog je obećao blagoslov začeća na desetine parova koji su bili vjenčani 5-6 godina, čak i onima koji su više od 10 godina čekali na začeće. Do kraja službe preporoda, većina svih ovih parova zatrudnjela je i počela da podiže porodice.

    Ja bih želio da se zahvalim GeumsunVin, direktorki uredničkog biroa i njenom osoblju za njihov naporan rad u objavljivanju i izradi ove knjige i ja se molim u ime Gospoda da mnogi ljudi koji čitaju ovu knjigu mogu da riješe njihov problem grijeha i tako prime odgovore na njihove molitve!

Mart 2009.god.
Džerok Li

Uvod

Ova knjiga sa naslovom O grijehu, pravednosti i osudi, sadrži pet poglavlja posvećena svakoj temi o grijehu, pravednosti i osudi. Ova knjiga do detalja objašnjava kako jedan može da nađe rešenje na problem grijeha, kako jedan može da živi život u blagoslovima postajući pravedna osoba i kako jedan može da izbjegne osudu koja dolazi i umjesto toga uživa u vječnim blagoslovima.

Prvo poglavlje o grijehu naziva se „Spasenje." Ono objašnjava kako čovjek treba da bude spasen i pravo značenje metode u primanju spasenja. Poglavlje koje odmah slijedi „Otac, Sin i Sveti Duh," vodi čitaoca ka ispravom razumijevanju kako Božja moć i vlast, ime Isus Hrist i vođstvo

Svetog Duha zajedno rade kao Trojedini Bog, kako bi jedan mogao da primi čisto rešenje na problem grijeha i ispravno hoda ka putu spasenja.

Poglavlje sa naslovom „Djela mesa" analizira i objašnjava temu zida grijeha koji stoji između čovjeka i Boga. Naredno poglavlje sa naslovom „Rodite dakle rod dostojan pokajanja," objašnjava važnost ubiranja plodova dostojno pokajanja kako bi se dostiglo potpuno spasenje kroz Isusa Hrista.

Poslednje poglavlje o grijehu, sa naslovom „Mrzeći na zlo držite se dobra," uči čitaoca da odbaci zlo koje ne ugađa Bogu i da čini sa dobrotom u skladi sa Riječju istine.

Zatim, u prvom poglavlju koje se bavi pravednošću „Pravednost koja vodi ka životu," jasno objašnjava kako mi-cijelo čovječanstvo-primamo vječni život kroz pravedna djela Isusa Hrista. U poglavlju sa naslovom „Pravednost će živjeti sa vjerom" objašnjava se važnost shvatanja da spasenje može da se primi samo kroz vjeru; prema tome razlog zašto mi moramo da zadržimo iskrenu vjeru."

Poglavlje 8 „Povinovanje u Hristu" objašnjava da jedam mora da razruši tjelesne misli i teorije i samo se povinuje Hristu kako bi mogao da ima iskrenu vjeru i uživa u naprednom životu punom blagoslova i odgovora na molitve. Poglavlje 9 „Onaj koga je Gospod pohvalio" izbliza gleda na živote nekoliko patrijarha u vjeri, dok uči čitaoca kako mora jedan da čini kako bi postao osoba koja je pohvaljena od Boga. Poslednje poglavlje o pravednosti, ima naslov „Blagoslov." To je posmatranje života i vjere Avrama-oca vjere i sjemena blagoslova-praćenog praktičnim primjerima u kojem vjernik može da uživa u životu blagoslova.

Prvo poglavlje o osudi, sa naslovom „Grijeh u nepovinovanju Bogu," istražuje posledice koje slijede čovjek počini grijeh dok ide protiv Boga. Naredno poglavlje „Hoću da istrebim sa zemlje ljude," opisuje Božju osobu koja će uslijediti kada bezakonje čovjeka dosegne ograničenja.

Poglavlje sa naslovom „Ne idite protiv Njegove volje," govori čitaocu da Božja osuda dolazi kada jedan ide protiv volje Božje; da oni moraju da razumiju koliko je veliki blagoslov povinovati se Božjoj volji i postati pokoran Bogu. U poglavlju sa naslovom „Ovako veli Gospod nad vojskama," autor do detalja objašnjava kako jedan može da primi iscjeljenje i odgovore na molitve. On takođe objašnjava važnost da se popstane pravedna osoba koja se plaši Boga.

I poslednje poglavlje „O grijehu, pravednosti i osudi," otključava put gdje se rješava problem grijeha; postaje se pravedna osoba; sreće se živi Bog; put da se izbjegne Konačni sud koji dolazi; i dobija se život vječnih blagoslova.

Ova knjiga objašnjava specifične načine u kojima mi koji smo primili Isusa Hrista i koji smo primili Svetog Duha možemo da primimo spasenje i vječni život, odgovore na naše molitve i blagoslove. Ja se molim u ime Gospoda da kroz ovu knjigu mnogi ljudi postanu pravedni muškarci i žene koji udovoljavaju Bogu!

Mart 2009.god.
GeumsunVin
Direktorka izdavačkog biroa

Sadržaj

Primjedba autora
Uvod

1 dio O grijehu...

Poglavlje 1 Spasenje · 3

Bog stvoritelj i čovjek
Zid grijeha između Boga i čovjeka
Pravo značenje spasenja
Metoda sapasenja
Proviđenje spasenja kroz Isusa Hrista

Poglavlje 2 Otac, Sin i Sveti Duh · 13

Ko je Bog Otac?
Bog Otac - vrhovni rukovodilac ljudske kultivacije
Ko je Sin, Isus Hrist?
Isus Hrist Spasitelj
Ko je Sveti Duh, Utješitelj?
Djela Svetog Duha, Utješitelja
Trojedini Bog ispunjava proviđenje spasenja

Poglavlje 3 Djela mesa · 27

Stvari od mesa i djela mesa
Djela mesa koja spriječavaju čovjeka da naslijedi kraljevstvo Božje
Evidentna djela mesa

Poglavlje 4 „Rodite dakle rod dostojan pokajanja." · 47

Porodi aspidini
Brati plodove u skladu sa pokajanjem
Ne vjerujte da je Avram vaš otac
„Svako dakle drvo koje ne rađa rod dobar, sijeku i u oganj bacaju."
Plodovi u skladu sa pokajanjem
Ljudi koji ubiraju plodove u skladu sa pokajanjem

Poglavlje 5 „Mrzeći na zlo držite se dobra." · 63

Kako se zlo prikazuje kao grijeh
Odbaciti zlo i postati osobe od dobrote
Zlobne i preljubnički nastrojene generacije koje žude za znakom
Oblici zla kojih treba da se gadimo

Riječnik 1

2 dio O pravednosti...

Poglavlje 6 Pravednost koja vodi ka životu · 83

Pravednost prema Bogu
Jedno djelo pravednosti koje spašava cijelo čovječanstvo
Početak pravednosti je vjerovanje u Boga
Pravednost Isusa Hrista koju moramo da imitiramo
Način na koji se postaje pravedna osoba
Blagosovi za pravedne

Poglavlje 7 Pravednost će živjeti sa vjerom · 97

Postati odista pravedna osoba
Zašto mi moramo da postanemo pravedni?
Pravednost će živjeti sa vjerom
Kako posjedovati duhovnu vjeru
Načini kako da se živi sa vjerom

Poglavlje 8 Povinovanje u Hristu · 109

Tjelesne misli koje su neprijateljski naklonjene prema Bogu
„Samopravednost" - jedna od glavnih tjelesnih misli
Apostol Pavle je pogazio njegove tjelesne misli
Pravednost koja potiče od Boga
Saul se nije povinovao Bogu sa tjelesnim mislima
Načn da se ispuni Božja pravednost kroz vjeru

Poglavlje 9 Onaj koga je Gospod pohvalio · 123

Onaj koga je Gospod pohvalio
Biti priznat od Boga
Zakovite vaše strasti i želje na krst
Patijarsi koji su bili pravedni pred Bogom

Poglavlje 10 Blagoslov · 137

Avram, otac vjere
Bog smatra vjeru za pravednom i daje Njegov blagoslov
Bog pravi kvalitetne posude kroz iskušenja
Bog priprema izlaz, čak i za vrijeme iskušenja
Bog daje blagoslove čak i za vrijeme iskušenja
Avramove osobine posude

Riječnik 2,3

3 dio O osudi...

Poglavlje 11 Grijeh u nepovinovanju Bogu · 155

Adam, čovjek koji je stvoren po Božjem liku
Adam jede zabranjeno voće
Rezultat Adamovog nepovinovanja Bogu
Razlog zbog kojeg je Bog postavio drvo spoznaje dobra i zla
Način kako se osloboditi od kletve koju je uzrokovao grijeh
Rezultat Saulovog grijeha u nepovinovanju prema Bogu
Rezultat Kainovog grijeha u nepovinovanju prema Bogu

Poglavlje 12 „Hoću da istrijebim sa zemlje ljude" · 167

Razlika između zle osobe i dobre osobe
Zašto dolazi Božji sud
* Zato što je čovjekovo bezakonje bilo veliko
* Zato što je misao srca zlobna
* Zato što je svaka namjera srca uvijek zla
Izbjeći Božju osudu

Poglavlje 13 Ne idite protiv Njegove volje · 179

Osuda dolazi kada mi stojimo protiv Božje volje
Ljudi koji su išli protiv Božje volje

Poglavlje 14 „Ovako veli Gospod nad vojskama..." · 193

Bog odbacuje ponosne
Ponos kralja Jezekilja
Ponos vjernika
Ponos lažnih proroka
Osuda za ljude koji čine sa ponosom i zlobom
Blagoslovi pravednih koji se plaše Boga

Poglavlje 15 O grijehu, pravednosti i osudi · 203

O grijehu
Zašto On sudi o grijehu
O pravednosti
Zašto On sudi o pravednosti
O osudi
Sveti Duh osuđuje svijet
Odbacite grijeh i živite život u pravednosti

Riječnik 4

O grijehu

„... za grijeh, dakle, što ne vjeruju Mene;"
(Jevanđelje po Jovanu 16:9)

„Nećeš li biti mio, kad dobro činiš? A kad ne činiš dobro, grijeh je na vratima; a volja je njegova pod tvojom vlašću, i ti si mu stariji." (Postanak 4:7)

„Samo poznaj bezakonje svoje, da si se odmetnula Gospodu Bogu svom, te si tumarala k tuđima pod svako drvo zeleno, i niste slušali glas moj, veli GOSPOD." (Jeremija 3:13)

„Zaista vam kažem, svi grijesi oprostiće se sinovima čovječjim, i huljenja na Boga, makar kakva bila; a koji pohuli na Duha Svetog nema oproštenja vavijek, nego je kriv vječnom sudu." (Jevanđelje po marku 3:28-29).

„Nego da znate da vlast ima Sin Čovječiji na zemlji opraštati grijehe, reče uzetome: „Tebi govorim: ustani i uzmi odar svoj i idi kući svojoj."" (Jevanđelje po Luki 5:24).

„A potom ga nađe Isus u crkvi i reče mu: „Eto si zdrav, više ne griješi, da ti ne bude gore." (Jevanđelje po Jovanu 5:14)

„Ne znate li da kome dajete sebe za sluge u poslušanje, sluge ste onog koga slušate, ili grijeha za smrt, ili poslušanja za pravdu?" (Poslanica Rimljanima 6:16)

„Dječice moja, ovo vam pišem da ne griješite. I ako ko sagriješi, imamo zastupnika kod Oca, Isusa Hrista pravednika, i On očišća grijehe naše, i ne samo naše nego i svega svijeta." (1. Jovanova Poslanica 2:1-2)

Poglavlje 1

Spasenje

„Jer nema drugog imena pod nebom danog ljudima kojim bi se mi mogli spasti."
(Djela Apostolska 4:12)

Na ovoj zemlji, u zavisnosti od religije i kulture, ljudi bogosluže različitim vrstama idola; postoji čak i idol nazvan „bog koga ne poznajemo" (Djela Apostolska 17:23). Danas, religija nazvana „Religija nastanka," religija stvorena od spoja doktrine mnogih religija, privlači mnogo pažnje, i mnogi ljudi su prihvatili „religiju mnoštva," koja se zasniva na filozofiji da postoji spasenje u svim religijama. Međutim, Biblija nam govori da je Bog Stvoritelj jedan pravi Bog i da je Isus Hrist jedan i jedini Spasitelj (Knjiga Ponovljenog Zakona 4.39; Jevanđelje po Jovanu 14:6; Djela Apostolska 4:12).

Bog stvoritelj i čovjek

Bog definitivno postoji. Baš kao što mi postojimo jer smo rođeni od naših roditelja, čovječanstvo postoji na ovom svijetu zato što nas je Bog stvorio.

Kada mi pogledamo na mali sat, mi vidimo da sitni dijelovi međusobno zajedno rade da bi nam odredili vrijeme. Ali niko neće da pogleda na sat i da pomisli da je vrijeme samo po sebi slučajno postavljeno. Čak i mali sat može da postoji na zemlji zato što ga je neko dizajnirao i stvorio. Onda, šta je sa univerzumom? Neuporedivo sa malim satom, univerzum je toliko složen i toliko bezgraničan da ljudska misao ne može da zamisli njegove misterije niti čak da shvati njegove mjere. Činjenica da solarni sistem, koji je samo jedan mali dio univerzuma, radi tako tačno bez i najmanje greške, čini da je veoma teško da ne vjerujemo u Božje stvaranje.

Ljudsko tijelo je isto. Svi organi, ćelije i mnogi drugi elementi su sastavljeni toliko savršeno i rade zajedno toliko precizno da su njihov raspored i funkcije pravo čudo. Ipak, uz sve ono što je čovjek otkrio o ljudskom tijelu je samo djelić onoga što tek treba da se otkrije. Tako da, kako možemo da kažemo da je ljudska anatomija tek tako nastala?

Dozvolite mi da podjelim sa vama jednostavan primjer koji će svako prepoznati. Na licu osobe, postoje par očiju, jedan nos, par nozdrva, jedna usta i par uveta. Njihov raspored je takav da su oči na samom vrhu, nos je na sredini usta su ispod nosa a uši su smještene na obe strane lica. Ovo je isto bilo da smo crnci, bijelci ili Azijci. Ono nije istina samo za ljude. Ovo isto važi i za životinje kao što su lavovi, tigrovi, slonovi, kučići i tako dalje, i za ptice, poput orlova, golubova, čak i za ribe.

Da je Darvinova teorija bila istinita, životinje, ptice i ljudska bića evoulirala bi svaka na svoj sopstveni način u skladu sa njihovim okruženjima. Ali zašto su izgled i raspored lica toliko slični? Ovo je neoboriv dokaz da je jedan i jedini Bog Stvoritelj dizajnirao i stvorio sve nas. Činjenica da smo mi svi stvoreni po istom liku pokazuje nam da Stvoiritelj nije nekoliko bića, već jedno biće.

Na početku ja sam bio ateista. Čuo sam da ljudi govore ako ideš u crkvu možeš da dobiješ spasenje. Međutim, ja nisam čak ni znao šta je to spasenje, niti kako da ga primim. Onda jednog dana, moj želudac je prestao da funkcioniše zbog preteranog alkohola i na kraju ja sam morao da provedem sledećih sedam godina veza za krevet i bolestan. Svako veče, moja majka je sipala vodu u posudu, gledala je ka Velikom medvedu, trljala je ruku o ruku, molila se i molila za moje isceljenje. Ona je čak dala i ogromnu novčanu sumu u budistički hram, ali moja bolest se sve više pogoršavala. Ja nisam bio spašen iz ove očajne situacije sa Velikim medvedom niti me je spasio Buda. To je bio Bog. U trenutku kada je moja majka čula da sam isceljen kako sam otišao u crkvu, ona je odbacila sve njene idole i počela je da ide u crkvu. Ovo je bilo zbog toga što je shvatila da je samo Bog jedan iskreni Bog.

Zid grijeha između Boga i čovjeka

Uprkos činjenici da postoji toliko jasan dokaz da Bog Stvoritelj, koji je stvorio nebesa i zemlju postoji, zbog čega ljudi ne vjeruju u Njega niti Njega sreću? To je zato što postoji zid grijeha koji blokira odnos između Boga i čovjeka. Zbog toga što je Bog Stvoritelj pravedan i On nema ni jedan grijeh, ako mi imamo grijeh, mi ne možemo da komuniciramo sa Njim.

Obično postoje ljudi koji misle: „Ja nemam ni jedan grijeh." Baš kao što mi ne možemo da vidimo fleku na našoj majci dok stojimo u mračnoj sobi, ako mi stojimo u sredini tame koja je neistina, mi ne možemo da vidimo naše grijehove. Tako da, ako mi kažemo da vjerujemo u Boga a ipak su naše duhovne oči još uvijek zatvorene, onda mi ne možemo da otkrijemo naše grijehove. Mi samo beznačajno idemo i odlazimo iz crkve. Rezultat? Mi idemo u crkvu 10 ili više od 20 godina a da nismo sreli Boga i da nismo dobili odgovore ni na jednu našu molitvu.

Bog ljubavi želi da se sretne sa nama, razgovara sa nama i odgovori nam na naše molitve. Zbog toga Bog iskreno traži od svakog od nas: „Molim te razbij zid grijeha koji stoji između tebe i Mene da bi mogli slobodno da podijelimo razgovor ljubavi. Napravi Meni prostor da uklonim bol i patnju sa kojom se sada suočavaš."

Hajde da kažemo da malo dijete pokušava da provuče konac kroz iglu. Ovo je složen zadatak za malo dijete. Ali, ovo je relativno lak zadatak za djetetove roditelje. Ali bez obzira koliko roditelj želi da pomogne detetu, ako je ogroman zid između njih, roditelj ne može da pomogne svom djetetu. Slično tome, ako ogroman zid stoji između nas i Boga, mi ne možemo da dobijemo odgovore na naše molitve. Tako da prvo i osnovno, mi moramo da riješimo problem grijeha a onda mi moramo da primimo posljednje rješenje u najvažnijem problemu spasenja.

Pravo značenje spasenja

U našme društvu, riječ „spasenje" se koristi na različite načine. Ako pomognemo osobi koja se davi ili pomognemo nekome da se oporavi od poslovnog neuspjeha ili nekom sa porodičnom krizom, mi ponekad kažemo da smo ih „spasili."

Onda, šta Biblija naziva „spašenim?" Prema Bibliji, to je uzdizanje čovječanstva od grijeha. Naime, ona ih dovodi do granica mjesta gdje Bog želi da oni budu, gdje mogu da dobiju rešenje na problem grijeha i uživaju u vječnoj radosti na Nebesima. Tako da ako ga stavimo u duhovne izraze, ulazak ka spasenju je Isus Hrist, a kuća spasenja su Nebesa, ili Božje kraljevstvo.

U Jevanđelju po Jovanu 14:6, Isus je rekao: „Ja sam put i istina i život; niko neće doći k Ocu do kroza Me." Prema tome spasenje je otići na Nebesa kroz Isusa Hrista.

Mnogi ljudi se preobražavaju u hrišćanstvo i naglašavaju važnost dobijanja spasenja. Tako da zašto nam je potrebno spasenje? To je zato što su naši duhovi besmrtni. Kada ljudi umru, njihova duša i duh se odvajaju od tijela a oni koji su primili spasenje idu na Nebesa a oni koji nisu dobili spasenje idu u Pakao. Nebesa su Božje kraljevstvo gdje je vječna radost, a pakao je mjesto vječnog bola i patnje, koje sadrži jezero gorućeg sumpora (Otkrivenje Jovanovo 21.8).

Zato što su Nebesa i Pakao mjesta koja zaista postoje, postoje ljudi koji su vidjeli Nebesa i Pakao kroz vizije i postoje ljudi čiji su duhovi zaista posjetili ova mjesta. Ako neko misli da ovi ljudi lažu, onda su oni samo tvrdoglavi. Pošto Biblija jasno objašnjava o oba i Nebesima i Paklu, mi treba da vjerujemo. Biblija, za razliku od drugih knjiga, sadrži poruku spasenja-riječi Boga Stvoritelja.

Biblija zapisuje stvaranje čovječanstva i kako je do sada Bog činio. Ona jasno objašnjava kompletan proces kako je čovijek zgriješio, bio korumpiran i postao predmet vječne smrti i kako ga je Bog spasio. Ona bilježi događaje iz prošlosti, sadašnjosti i budućnosti i Božju poslednju osudu na kraju vremena.

Da, važno je da živimo mirno bez problema na ovoj zemlji. Međutim, upoređujući sa nebesima, život koji živimo na ovoj zemlji je veoma kratak i privremen. Deset godina izgleda kao dugačak period, ali ako pogledamo unazad, to izgleda kao da je tek juče. Ostatak našeg vremena ovdje na zemlji je isti. Iako osoba može da živi i naporno radi da bi stekla mnogo stvari, one će sve isčeznuti kada se ljudski život ovdje na zemlji završi. Tako da, čemu su one dobre?

Bez obzira na to koliko posjedujemo ili koliko smo stekli, mi to ne možemo da ponesemo sa nama u vječni svijet. A čak iako steknemo slavu i moć, kada umremo, sve će to na kraju nestati i biće zaboravljeno.

Metoda sapasenja

Djela Apostolska 4:12: „Jer nema drugog imena pod nebom danog ljudima kojim bi se mi mogli spasti." Biblija nam govori da je Isus Hrist jedini Spasitelj koji nas može da spasi. Onda zašto je spasenje moguće samo u ime Isusa Hrista? Ovo je zato što problem grijeha mora da bude riješen. Da bismo lakše ovo razumijeli, vratimo se u vrijeme Adama i Eve, korijena ljudskog roda.

Nakon što je stvorio Adama i Evu, Bog je dao Adamu moć i slavu da vlada nad svim stvorenim stvarima. I dugo vremena, oni su živjeli u izobilju u Edemskom vrtu sve dok nisu upali u zamku zmije otrovnice i jeli sa drveta spoznaje dobra i zla. Nakon što se nisu povinovali Bogu jer su jeli plod koji im je Bog zabranio, grijeh je ušao u njih (Postanak 3:1-6).

Poslanica Rimljanima 5:12 navodi: „Zato, kao što kroz jednog čovjeka dođe na svijet grijeh, i kroz grijeh smrt, i tako smrt uđe u sve ljude, jer svi sagriješiše." Zbog Adama, grijeh je došao na ovu zemlju i cijelo čovječanstvo je počelo da ima grijeh. Tako da kao rezultat, smrt je došla do cijelog čovječanstva.

Bog nije tek tako spasio ove ljude od grijeha bez ikakvih uslova. Poslanica Rimljanima 5:18-19 kaže: „Zato, dakle, kao što za grijeh jednog dođe osuđenje na sve ljude, tako i pravdom jednog dođe na sve ljude opravdanje života. Jer kao što neposlušanjem jednog čovjeka postaše mnogi griješni, tako će i poslušanjem jednog biti mnogi pravedni."

Ovo znači da baš kao što je cijelo čovječanstvo postalo griješno zbog jednog čovjeka Adama, kroz povinovanje jednog čovjeka, tako cijelo čovječanstvo može biti spašeno. Bog je glava svih stvorenih stvari, ali On čini da se sve stvari dešavaju na prikladan način (1. Korinćanima Poslanica 14:40); prema tome On je pripremio jednog čovjeka koji ima sve kvalifikacije da bude Spasitelj-a to je Isus Hrist.

Proviđenje spasenja kroz Isusa Hrista

Među duhovnim zakonima, postoji zakon koji kaže: „plata za grijeh je smrt"(Poslanica Rimljanima 6:23). Sa druge strane, postoji zakon koji otkupljuje jedanog od ovog grijeha. Ono što je direktno povezano sa ovim duhovnim zakonom je zakon o otkupu zemlje u Izraelu. Ovaj zakon dozvoljava osobi da proda zemlju, ali ne za stalno. Ako osoba proda svoju zemlju zbog ekonomskih nevolja, u bilo koje vrijeme, drugi od njegovih bogatijih rođaka može uvijek da je otkupi od njega. A ako nema bogate rođake koji to mogu da učine za njega, on uvijek može da odkupi nazad kada i ako ponovo stekne bogatstvo (Levitski Zakonik 25:23-25).

Otkup od grijeha djeluje na isti način. Ako je neko kvalifikovan da otkupi njegovog brata od grijeha, on to može. Ali ma ko god da je, taj neko mora da plati cijenu grijeha.

Ali, kao što je zapisano u 1. Korinćanima Poslanici 15:21: „Jer budući da kroz čovjeka bi smrt, kroz čovjeka i vaskrsenje mrtvih" onaj koji nas može da spasi od grijeha mora da bude čovjek. Zbog toga je Isus došao na ovu zemlju u tijelu-u obliku čovjeka koji je postao griješnik.

Osoba koja sama po sebi ima dugove nema mogućnost da plati dug za nekoga drugog. Slično tome, osoba sa grijehom ne može da otkupi čovječanstvo od grijeha. Osoba ne nasljeđuje samo fizičke karakteristike i osobine ličnosti od njegovih roditelja, već takođe i njihovu griješnu prirodu. Ako posmatramo malo dijete i vidimo drugo dijete sjedi u krilu majke prvog djeteta, tom djetetu će biti neprijatno i pokušaće da odgurne to dijete iz majčinog krila. Čak iako ga niko to nije naučio da radi, ljubomora i bijes sasvim prirodno izlaze iz njega. Neke bebe, kada postanu gladne i kada nisu hranjene na pravilan način, počinju neprestano da plaču. Ovo je zbog griješne prirode bijesa koju su naslijedili od njihovih roditelja. Ove vrste griješne prirode koje ljudi nasljeđuju od njihovih roditelja kroz njihovu životnu silu nazivaju se „prvobitan grijeh." Svi potomci Adama su rođeni sa prvobitnim grijehom; tako da niko ne može otkupiti nikoga od grijeha.

Međutim, Isus je rođen kroz začeće Svetog Duha, tako da On nije naslijedio prvobitan grijeh od niijednog roditelja. A dok je On rastao, On se povinovao svim zakonima; prema tome On nije počinio ni jednu vrstu grijeha. U duhovnom kraljevstvu, biti bez grijeha na ovaj način je ispravno.

Isus je primio kaznu razapeća sa radošću zato što je imao vrstu ljubavi da nije štedio čak ni Njegov sopstveni život da bi otkupio čovječanstvo od grijeha. Kako bi otkupio ljude od kletve Zakona, On je umro na drvenom krstu (Poslanica Galaćanima 3:13) i prolio je Njegovu krv koja nije bila ukaljana prvobitnim grijehom niti samopočinjenim grijehom. On je platio za sve grijehove cijelog čovječanstva.

Kako bi spasio griješnike, Bog nije čak ni poštedio život Njegovog jednog i jedinog Sina od smrti na krstu. Ovo je velika ljubav koju je On nama podario. I Isus je dokazao Njegovu ljubav za nas kada je dao Njegov sopstveni život kako bi postao mirovna ponuda između nas i Boga. Pored Isusa, ne postoji niko ko ima ovakvu vrstu ljubavi, ili moć da nas otkupi od grijeha. Ovo su razlozi zašto je samo kroz Isusa Hrista moguće da mi dobijemo spasenje.

Poglavlje 2

Otac, Sin i Sveti Duh

„A utešitelj, Duh Sveti, kog će Otac poslati u ime Moje, On će vas naučiti svemu i napomenuće vam sve što vam rekoh."
(Jevanđelje po Jovanu 14:26).

Ako pogledate u Postanak 1:26, koji kaže: „Potom reče Bog: „Da Mi načinimo čovjeka po svom obličju..." Ovdje, „Mi" označava Trojedinog Boga-Oca, Sina i Svetog Duha. Iako se svaka od uloga Oca, Sina i Svetog Duha u razvijanju čovjeka i ispunjavanju proviđenja spasenja razlikuje, zato što je Trojica po porijeklu jedan, Oni su nazvani Sveto Trojstvo ili Trojedini Bog.

Ovo je veoma važna doktrina hrišćanske vjere, a zato što je to tajna poruka o porijeklu Boga Stvoritelja, veoma je teško u potpunosti razumijeti koncept sa ograničenom ljudskom logikom ili znanjem. Međutim, da bi riješili problem grijeha i primili potpuno spasenje, mi moramo da imamo tačno znanje o Trojedinom Bogu Ocu, Bogu Sinu i Bogu Svetom Duhu. Samo kada budemo imali ovo razumijevanje, mi možemo u potpunosti da uživamo u blagoslovima i vlašću što jesmo Božja djeca.

Ko je Bog Otac?

Iznad svega ostalog, Bog je Stvoritelj univerzuma. Poglavlje 1 u Postanku, prikazuje kako je Bog stvorio univerzum. Od potpunog ništavila, Bog je sa Njegovom Riječju za šest dana stvorio nebesa i zemlju. Onda je šestog dana, Bog stvorio Adama, oca čovječanstva. Samo dok posmatramo redosljed i harmoniju u svemu što je stvoreno, mi možemo da znamo da je Bog živ i da postoji jedan Bog Stvoritelj.

Bog je sveznajući. Bog je svaršen i On sve zna. Prema tome, On nam dozovoljava da znamo o budućim događajima kroz prorokovanje od strane ljudi koji imaju blizak odnos sa Njim (Amos 3:7). Bog je takođe svemoguć i može sve da učini. Zbog toga Biblija ima mnoge zapise o brojnim znakovima i čudima koji ne mogu da budu ispunjeni sa ljudskom moći i sposobnostima.

Takođe, Bog sam po Sebi postoji. U Izlasku u poglavlju 3, mi nailazimo na mjesta gdje se Bog pojavljuje pred Mojsija. U zapaljenom žbunu Bog ga poziva da postane vođa Izlaska iz Egipta. U to vrijeme, On govori Mojsiju: „JA SAM ONAJ ŠTO JESTE." On je objašnjavajo jednu od Njegovih osobina, što je Njegovo samopostojanje. Ovo znači da niko nije stvorio, niti je rodio Boga.

On je Sam postojao još prije početka.

Bog je takođe autor Biblije. Ali zato što Bog Stvoritelj daleko prevazilazi čovjeka, veoma je teško u potpunosti objasniti iz ljudske perspektive Njegovo postojanje. Ovo je zato što je Bog beskonačno biće; sa ograničenim shvatanjem, čovjek ne može u potpunosti da zna sve o Njemu.

U Bibliji, mi možemo da vidimo da se Bog Otac naziva različito, u zavisnosti od situacije. U Izlasku 6:3, govori se: „I javio Sam se Avramu, Isaku i Jakovu imenom Bog Svemogući, a imenom Svojim, GOSPOD, ne bih im poznat." A u Izlasku 15:3, zapisano je: „GOSPOD je velik ratnik; ime Mu je GOSPOD." Ime „GOSPOD" ne znači samo „onaj koji je samopostojeći;" već takođe znači jedan i jedini pravi Bog koji vlada nad svim nacijama svijeta i sve što je u njemu.

A izraz „Bog" se koristi kao značenje da On prebiva u svakoj rasi, zemlji ili pojedincu; prema tome ime se koristi da bi se pokazala Božja humanost. Dok je ime „GOSPOD" opširno, mnogo opširnije ime za Božanstvo, riječ „Bog" je izraz za Božju humanost koji ima bliski, duhovni odnos sa svakom ponaosob osobom. „Avramov Bog, Isakov Bog i Jakovljev Bog" su takav jedan primjer.

Tako da, zašto mi zovemo ovog Boga „Bog Otac?" To je zbog toga zato što Bog nije samo vladalac cijelog univerzuma i krajnjeg Suda; već mnogo važnije od toga, On je vrhovni rukovodilac u planiranju i izvršavanju ljudske kultivacije. Ako mi vjerujemo u ovog Boga, mi možemo Njega da zovemo „Otac" i iskusimo nevjerovatnu moć i blagoslov zato što smo Njegova djeca.

Bog Otac: vrhovni rukovodilac ljudske kultivacije

Bog Stvoritelj započeo je ljudsku kultivaciju kako bi stekao iskrenu djecu sa kojom će On dijeliti iskren i ljubazan odnos. Ali kako postoji početak i kraj svim stvorenim stvarima, tako postoji početak i kraj čovjekovog života na zemlji.

Otkrivenje Jovanovo 20:11-15 govori: „I vidjeh veliki beo prijesto, i Onog što seđaše na njemu, od čijeg lica bežaše nebo i zemlja, i mjesta im se ne nađe. I vidjeh mrtvace male i velike gdje stoje pred Bogom, i knjige se otvoriše; i druga se knjiga otvori, koja je knjiga života; i sud primiše mrtvaci kao što je napisano u knjigama, po djelima svojim. I more dade svoje mrtvace, i smrt i pakao dadoše svoje mrtvace; i sud primiše po djelima svojim. I smrt i pakao bačeni biše u jezero ognjeno. I ovo je druga smrt. I ko se ne nađe napisan u knjizi života, bačen bi u jezero ognjeno."

Ovaj odlomak je objašnjenje o Sudu velikog bijelog prijestolja. Kada se ljudska kultivacija završi na ovoj zemlji, Gospod će se vratiti u vazduhu da bi pokupio sve vjernike. Onda, oni vjernici koji su živjeli biće uzdignuti u vazduh, gde će se održavati Sedmogodišnji svadbeni banket. Dok traje Sedmogodišnji banket u vazduhu, sedam godina nevolje će biti ovdje na zemlji. Nakon toga, Gospod će se vratiti na zemlju i vladaće nad njom jedan milenijum. Poslije tog milenijuma, biće Sud velikog bijelog prijestolja. U to vrijeme, djeca Božja, čija su imena zapisana u knjizi života, otići će na

Nebesa, a onim imenima koja nisu zapisana u knjizi života, sudiće se u skladu sa njihovim djelima i onda će otići u Pakao.

Kada pogledamo u Bibliju, mi možemo da vidimo da nas je Bog od trenutka kada je stvorio čovjeka pa sve do današnjeg dana, Bog volio na isti način. Čak i kada su Adam i Eva zgriješili i kada su bili protjerani iz Edemskog vrta, Bog nam je dozvolio da znamo o Njegovoj volji, Njegovom proviđenju i stvarima koje su došle kroz pravedne ljude kao što su Noje, Avram, Mojsije, David i Danilo. Čak i danas, Božja moć i prisustvo su takođe dokazi u našim životima. On čini kroz one ljude koji zaista Njega prepoznaju i voli ih.

Kada pogledamo u Stari Zavjet, mi možemo da vidimo da zato što nas Bog voli, On nas uči kako da ne padnemo u grijeh i kako da živimo u pravednosti. On nas uči šta su grijeh i pravednost da bi mogli da izbjegnemo osudu. On nas takođe uči da kako Njemu bogoslužimo, mi treba da odvojimo posebne svječanosti da bi prinijeli ponude Njemu i da ne bi zaboravili živog Boga. Mi možemo da vidimo da je On blagoslovio one koji su vjerovali u Njega, a za one koji su griješili, On im je dao priliku da se okrenu od njihovih grijehova-bilo da je to kroz kaznu ili na neki drugi način. On je takođe koristio proroke da bi otkrio Njegovu volju i da bi nas naučio da živimo u istini.

Međutim, ljudi se nisu povinovali već su umjesto toga nastavili da griješe. Kako bi riješio ovaj problem, On je poslao Spasitelja, Isusa Hrista, koga je pripremio još prije početka vremena. I On je bio taj koji je otvorio put spasenja kako bi ljudi mogli da budu spašeni kroz vjeru.

Ko je Sin, Isus Hrist?

Osoba koja je počinila grijeh ne može da iskupi grijeh druge osobe, tako da je bila potrebna osoba bez ijednog grijeha. Zbog toga je Bog Sam morao da obuče tijelo i dođe na ovu zemlju-a to je bio Isus. Zato što je plata za grijeh smrt, Isus je morao da primi pogubljenje na krstu da bi se iskupio za naše grijehove. Ovo je zato što bez prolivanja krvi, ne postoji oproštaj od grijeha (Levitski Zakonik 17:11; Poslanica Jevrejima 9:22).

Pod Božjim proviđenjem, Isus je umro na drvenom krstu kako bi oslobodio čovječanstvo na koje je bačena kletva zakona. Nakon što je otkupio čovječanstvo od grijehova, On se uzdigao iz mrtvih trećeg dana. Prema tome, svako ko vjeruje u Isusa Hrista kao u Njegovog Spasitelja oprošteni su im grijehovi i primiće spasenje. Baš kao i Isus, koji je postao prvi plod vaskrsenja, mi ćemo takođe vaskrsnuti i ući na Nebesa.

U Jevanđelju po Jovanu 14:6, Isus je rekao: „Ja sam put i istina i život; niko neće doći k Ocu do kroza Me." Isus je put zato što je On postao put za čovječanstvo koje će ući na Nebesa gde Bog Otac vlada; On je istina zato što je On Riječ Božja koji je postao tijelo i došao na ovu zemlju; On je život, zato što kroz Njega samog čovjek prima spasenje i vječni život.

Dok je On bio ovdje na zemlji, Isus se povinovao Zakonu u potpunosti. U skladu sa zakonima Izraela, On je bio obrezan osmog dana poslije Njegovog rođenja. On je živio sa Njegovim roditeljima do 30. godine i ispunio je Njegove dužnosti. Isus nije imao niti prvobitan grijeh niti je počinio grijehove. Prema tome, zapisan je o Isusu u 1. Petrovoj Poslanici 2:22: „...grijeha ne učini, niti se nađe prevara u ustima Njegovim."

Nedugo zatim, u skladu sa Božjom voljom, Isus je počeo da posti 40 dana prije nego što je krenuo da ispunjava Njegovu službu. On je mnogim ljudima govorio o živom Bogu i o jevanđelju kraljevstva nebesa i On je pokazivao Božju moć gdje god da je išao. On je jasno pokazao da je Bog pravi bog i da je On vrhovni nadzornik života i smrti.

Razlog zbog kojeg je Isus došao na ovu zemlju je da kaže čovječanstvu o Bogu Ocu, da uništi neprijatelja đavola, da nas spasi od grijeha i povede nas na put vječnog života. Tako da je u Jevanđelju po Jovanu 4:34 Isus rekao: „Jelo je Moje da izvršim volju Onog koji Me je poslao, i da svršim Njegov posao."

Isus Hrist Spasitelj

Isus Hrist nije samo jedan od četvorice velikih filozofa koje je svijet ikada upoznao. On je Spasitelj koji je otvorio put spasenja za cijelo čovječanstvo; prema tome On ne može biti smješten na isti nivo kao obični ljudi, koji su samo bića. Ako pogledate u Poslanici Filipljanima 2:6-11, tu se kaže: „Koji, ako je i bio u obličju Božjem, nije se otimao da se uporedi s Bogom; nego je ponizio Sam Sebe uzevši obličje sluge, postavši kao i drugi ljudi i na oči nađe se kao čovjek. Ponizio Sam Sebe postavši poslušan do same smrti, a smrti krstove. Zato i Bog Njega povisi, i darova Mu ime koje je veće od svakog imena, da se u ime Isusovo pokloni svako koljeno onih koji su na nebu i na zemlji i pod zemljom, i svaki jezik da prizna da je Gospod Isus Hristos na slavu Boga Oca."

Zato što se Isus povinovao Bogu i žrtvovao Sebe u skladu sa Božjom voljom, Bog je Njega uzdigao do najvišeg mjesta do Njegove desne strane i nazvao Ga Kraljem nad kraljevima i Gospodarem nad gospodarima.

Ko je Sveti Duh, Utješitelj?

Kada je Isus bio na ovoj zemlji On je morao da radi ograničen vremenom i prostorom, zato što je On imao ljudsko tijelo. On je širi jevanđelje u oblastima Judeje, Samarije i Galileje, ali On nije mogao da širi jevanđelje u dalekim oblastima. Međutim, nakon što je Isus vaskrsao i uzdigao se na nebesa, On je poslao Svetog Duha, Utješitelja, koji će doći nad cijelim čovječanstvom prevazilazeći ograničenja vremena i prostora.

Definicija „utješitelja" je: „prorok koji brani, navodi ili pomaže drugome da razumije šta je pogriješno;" „savjetnik koji podstiče i jača drugoga."

Pošto je svijet i jedan sa Bogom, Sveti Duh poznaje čak i dubine Božjeg srca (1. Korinćanima Poslanica 2:10). Pošto grješnik ne može da vidi Boga, na isti način ni Sveto Duh ne može da boravi u grješniku. Tako da, dok nas Isus nije otkupio kada je umirao na krstu i prolio Njegovu krv, Sveti Duh nije mogao da dođe u naša srca.

Ali nakon što je Isus umro a onda vaskrsao, problem grijeha je riješen i svako ko otvori njegovo srce i prihvati Isusa Hrista tada može da primi Svetog Duha. Kada je osoba opravdan vjerom, Bog im daje dar Svetog Duha kako bi Sveti Duh mogao da boravi u njegovom ili njenom srcu. Sveti Duh nas vodi i upravlja sa nama i kroz Njega, mi možemo da komuniciramo sa Bogom.

Onda, zašto je Bog nama Njegovoj djeci dao dar Svetog Duha? To je zato što sve dok Sveti Duh ne dođe i ne oživi naš duh-koji je umro zbog Adamovog grijeha-mi ne možemo da uđemo u istinu, niti da boravimo u istini. Kada mi vjerujemo u Isusa Hrista i primimo Svetog Duha, Sveti Duh će doći u naša srca i naučiće nas Božjim zakonima, što je Istina, kako bi mi mogli da živimo u skladu sa ovim zakonima i boravimo u istini.

Djela Svetog Duha, Utješitelja

Osnovan zadatak Svetog Duha je da čini za nas da bi mogli ponovo da budemo rođeni. A time što smo ponovo rođeni, mi ćemo razumijeti Božje zakone i pokušaćemo da ih se pridržavamo. Zbog toga je Isus odgovorio: „Ako se ko ne rodi vodom i Duhom, ne može ući u carstvo Božje. Šta je rođeno od tijela, tijelo je, a šta je rođeno od Duha, duh je" (Jevanđelje po Jovanu 3:5-6). Tako da sve dok nismo ponovo rođeni sa vodom i Svetim Duhom, mi ne možemo da primimo spasenje.

Ovdje, voda se odnosi na živu vodu-Riječ Božju. Mi moramo da postanemo potpuno očišćeni i preobraćeni sa Božjom Riječju, ili sa istinom. Šta znači biti ponovo rođen od Svetog Duha? Kada mi prihvatimo Isusa Hrista, Bog nam daje dar Svetog Duha i priznaje nas Njegovom djecom (Djela Apostolska 2:38). Djeca Božja koja su primila Svetog Duha slušaju Riječ Božju i pokušavaju da naprave razliku između dobra i zla. A kada se onda oni mole iz sveg srca, Bog im daje milost i snagu da žive u skladu sa Njegovom Riječju. Ovo znači biti ponovo rođen od Svetog Duha. I u zavisnosti do koje mjere Duh rađa duh za svakog pojedinca, on ili ona mogu biti preobraćeni u istinu. I u zavisnosti do koje mjere je pojedinac promjenjen sa istinom, toliko će on moći da primi duhovnu vjeru od Boga.

Drugo, Sveti Duh pomaže našim slabostima i moli se za nas uzdisanjem neiskazanim, kako bi mi mogli da se molimo (Poslanica Riumljanima 8:26). On nas takođe lomi da bi od nas napravio dobre posude. I baš kao što je Isus rekao: „A Utješitelj, Duh Sveti, kog će Otac poslati u ime Moje, On će vas naučiti svemu i napomenuće vam sve što vam rekoh" (Jevanđelje po Jovanu 14:26), Sveti Duh nas vodi ka istini i uči nas o događajima koji će doći u budućnosti (Jevanđelje po Jovanu 16:13).

Šta više, kada se mi povinujemo željama Svetog Duha, On nam dozvoljava da uberemo plodove i dobijemo duhovne darove. Tako da ako mi primimo Svetog Duha i činimo u skladu sa isitnom, On će činiti u nama da bi mogli da uberemo plodove ljubavi, radosti, mira, strpljenja, ljubaznosti, dobrote, vjernosti, nežnosti i samokontrole (Poslanica Galaćanima 5:22-23). Ne samo to, On takođe daje darove koji su nama korisni u našim duhovnim životima kao vjernika, kao što su riječi mudrosti, riječi znanja.

vjere, dar iscjeljivanja, izvođenje čuda, prorokovanje, razlikovanje duhova, različite vrste jezika i interpretacija jezika (1. Korinćanima Poslanica 12:7-10).

Šta više, Sveti Duh nam se takođe obraća (Djela Apostolska 10:19), daje nam zapovijesti (Djela Apostolska 8:29) i u nekim vremenima nam zabranjuje da nešto radimo ako je to protiv Božje volje (Djela Apostolska 16:6).

Trojedini Bog ispunjava proviđenje spasenja

Tako da su Otac, Sin i Sveti Duh u stvari jedno. Na početku, ovaj jedan Bog, postojao je kao Svjetlost sa jakim glasom u ogromnom univerzumu (Jevanđelje po Jovanu 1:1; 1. Jovanova Poslanica 1.5). Onda, u određenom trenutku, da bi stekao iskrenu djecu sa kojom će dijeliti Njegovu ljubav, On je počeo da planira za proviđenje ljudske kultivacije. On je podijelio jedan prostor u kome je prvobitno boravio na više prostora, i počeo je da postoji kao Trojedini Bog.

Bog Sin, Isus Hrist je začet od Prvobitnog Boga (Djela Apostolska 13:33; Poslanica Jevrejima 5:5), a Bog Sveti Duh, je takođe začet od prvobitnog Boga (Jevanđelje po Jovanu 15:26; Poslanica Galaćanima 4:6). Prema tome, Bog Otac, Bog Sin i Bog Sveti Duh-Trojedini Bog su ispunili proveiđenje ljudskog spasenja i nastaviće da da ispunjavaju zajedno sve do dana Suda velikog bijelog prijestolja.

Kada je Isus bio obješen na krstu, On nije Sam patio. Bog Otac i Sveti Duh su takođe iskusili bol sa Njim. Takođe, kako Sveti Duh ispunjava Njegovu službu žaleći i posredujući za duše ovde na zemlji, Bog Otac i Gospod takođe rade sa Njim.

U 1. Jovanovoj Poslanici 5:7-8, govori se: „Jer je troje što svjedoči na nebu; Duh, i voda, i krv; i troje je zajedno." Voda duhovno simbolizuje službu Božje Riječi a krv duhovno simbolizuje službu Gospda i prolivanje Njegove krvi na krstu. Dok rade zajedno u Njihovjoj službi, Trojedini Bog daje dokaz spasenja svim vjernicima.

Takođe, u Jevanđelju po Mateju 28:19 govori se: „Idite dakle i naučite sve narode krsteći ih va ime Oca i Sina i Svetog Duha." A u 2. Korinćanima Poslanici 13:14, čitamo: „Blagodat Gospoda našeg Isusa Hrista i ljubav Boga i Oca i zajednica Svetog Duha sa svima vama." Mi možemo da vidimo da su ljudi ovde kršteni i blagosloveni u ime Trojedinog Boga.

Na ovaj način, zato što su po prirodi Bog Otac, Bog Sin i Bog Sveti Duh jednoi po porijeklu jedna misao, svaka on Njihovih uloga za ljudsku kultivaciju se razlikuje na regularan način. Bog jasno razlikuje period Starog Zavjeta, gdje je Bog Otac Sam poveo Njegov narod; period Novog Zavjeta, gdje je Isus došao na ovu zemlju i postao Spasitelj za čovječanstvo; i kasniji period milosti, gdje je Sveti Duh, Utješitelj, izveo Njegovu službu. Trojedini Bog je ispunjavao Njegovu volju u svakom od ovih perioda.

Djela Apostolska 2:38 govore: „Pokajte se, i da se krstite svaki od vas u ime Isusa Hrista za oproštenje grijeha; i primićete dar Svetog Duha." A kao što je zapisano u 2. Korinćanima Poslanici 1:22: „Koji nas i zapečati, i dade zalog Duha u srca naša," ako prihvatimo

Isusa Hrista i primimo Svetog Duha, mi nećemo samo steći pravo da postanemo Božja djeca (Jevanđelje po Jovanu 1:12), već ćemo također primiti vodstvo Svetog Duha da bi odbacili grijeh i živjeli u Svjetlosti. Kada naša duša napreduje, sve stvari će napredovati i mi dobijamo blagoslov oba i duhovnog i fizičkog zdravlja. I jednom kada stignemo na Nebesa, mi ćemo također uživati u vječnom životu!

Da je postojao samo Bog Otac, mi ne bi mogli u potpunosti da primimo spasenje. Nama je potreban Isus Hrist zato što mi možemo da uđemo u Božje kraljevstvo samo kada smo oprani od naših grijehova. I ako smo na putu da odbacimo naše grijehove i ako tražimo Božji lik, nama je potrebna pomoć Svetog Duha. Zato što nam Trojedini Bog-Bog Otac, Bog Sin i Bog Sveti Duh-pomažu, mi možemo da primimo potpuno spasenje i damo salvu Bogu.

Riječnik

Meso i djela mesa

Izraz „meso" sa duhovne tačke gledišta je generalno izraz koji se odnosi na neistinu u našim srcima koja izlazi na vidjelo kao djelo. Na primjer, mržnja, preljuba, ponos i slično tome, izlaze kao specifična djela kao što su nasilje, prevara, ubistvo i tako dalje, i kolektivno se zovu „meso," a svaki od ovih grijehova, kada se pojedinačno svrstaju, nazvani su „djela mesa."

Požuda mesa, požuda očiju, hvalisav ponos života

„Požuda mesa" se odnosi na prirodu koja uzrokuje da ljudi počine grijehove prateći želje mesa. Ove tendencije uključuju mržnju, ponos, bijes, preljubu i tako dalje. Kada se ove grešne prirode susretnu sa određenim okolnostima koje ih provociraju, požuda mesa počinje da se ispoljava. Na primjer, ako neko ima grešnu prirodu da „osuđuje i optužuje" druge, on ili ona će uživati u tome da čuju glasine i tračeve.

„Požuda očiju" se odnosi na grešnu prirodu koja čini da osoba želi stvari mesa kada je srce isprovocirano sa osjećajem da je vidjelo ili čulo kroz oči ili uši. Požuda očiju se pobuđuje kako mi vidimo ili čujemo stvari ovog svijeta. Ako ove stvari nisu odbačene i kako mi nastavljamo da ih upijamo, požuda mesa je isprovocirana i na kraju ćemo završiti tako što ćemo počiniti grijeh.

„Hvalisav ponos života" se odnosi na grešnu prirodu u čovjeku koja ga čini da želi da se hvali ili razmeće dok prati zadovoljstva ovog svijeta. Ako osoba ima ovu grešnu prirodu, on će se konstantno boriti da bi stekao stvari ovog svijeta kako bi sebe istakao.

Poglavlje 3

Djela mesa

„A poznata su djela tjelesna (djela mesa), koja su preljubočinstvo, kurvarstvo, nečistota, besramnost, idolopoklonstvo, čaranja, neprijateljstva, svađe, pakosti, srdnje, prkosi, raspre, sablazni, jeresi, zavisti, ubistva, pijanstva, žderanja, i ostala ovakva za koja vam naprijed kazujem kao što i kazah naprijed, da oni koji tako čine neće naslijediti carstvo Božje."
(Poslanica Galaćanima 5:19-21, NKJV)

Čak i Hrišćanima koji su vjernici dugo vremena može biti nepoznat termin „djela mesa." Ovo je zato što nema mnogo crkava koje podučavaju o grijesima konkretno. Međutim, jasno je kao što je zapisano u Jevanđelju po Mateju 7.21: „Neće svaki koji Mi govori: „Gospode, Gospode," ući u carstvo nebesko; no koji čini po volji Oca Mog koji je na nebesima," mi moramo tačno da znamo koja je Božja volja i mi svakako moramo da poznajemo grijehove koje Bog mrzi.

Bog ne samo da vidljiva loša djela naziva „grijesima," već

On smatra mržnju, zavist, ljubomoru, sud i/ili osudu drugih, bezosjećajnost, lažljivo srce itd. za grijeh takođe. U skladu sa Biblijom: „Sve što nije od vjere" (Poslanica Rimljanima 14:23), znati šta treba da se učini a ne učiniti to (Jakovljeva poslanica 4:17), nečinjenje dobrog koje hoću da učinim i suprotno tome činiti zlo koje neću da činim (Poslanica Rimljanima 7:19-20), djela mesa (Poslanica Galaćanima 5:19-21), i stvari mesa (Poslanica Rimljanima 8:5) nazivaju se „grijesima."

Ali sve ove vrste grijehova prave zid koji stoji između nas i Boga, kao što je zapisano u Isaiji 59:1-3: „Gle, nije okraćala ruka GOSPODNJA da ne može spasti, niti je otežalo uho Njegovo da ne može čuti. Nego bezakonja vaša rastaviše vas s Bogom vašim, i grijesi vaši zakloniše lice Njegovo od vas, da ne čuje. Jer su ruke vaše oskvrnjene krvlju i prsti vaši bezakonjem; usne vaše govore laž i jezik vaš izriče opačinu."

Onda, kakvi to tačno zidovi stoje između nas i Boga?

Stvari od mesa i djela mesa

Normalno, kada se misli na ljudsko tijelo, riječ „tijelo" i „meso" se koriste kao sinonimi. Ipak, duhovna definicija „mesa" se razlikuje. Poslanica Galaćanima 5:24 govori: „A koji su Hristovi, raspeše tijelo sa slastima i željama." Ovdje se ne misli da smo mi bukvalno razapeli naša tijela.

Mi moramo znati duhovno značenje riječi „meso" da bismo razumijeli značenje gornjeg stiha. Riječ „meso" nema uvijek duhovno značenje. Ponekad se to jednostavno odnosi na ljudsko tijelo. Zbog toga moramo poznavati ovaj termin jasnije da bismo znali kada ova riječ ima duhovno značenje, a kada ne.

Prvobitno, čovjek je stvoren sa duhom, dušom i tijelom i bio je bez grijeha. Ipak, nakon nepovinovanja Božjoj Riječi, čovjek je postao grešnik. I pošto je plata za grijeh smrt (Poslanica Rimljanima 6:23), duh, koji je čovjekov gospodar, umro je. Ljudsko tijelo je postalo beskorisno tijelo koje kako vrijeme prolazi postaje oronulo, raspada se i vraća se u šaku prašine. Tako čovjek zadržava grijehe u svom tijelu, a kroz djelanje čini ove grijehe. Tu imamo sada riječ „meso."

Riječ „meso" je duhovni termin, koji predstavlja kombinaciju grešnih priroda i ljudskog tijela iz kojih je procurila istina. Tako, kada se u Bibliji spominje „meso," to označava grijeh koji još uvijek nije sproveden u djelo, ali koji se može izazvati u određenom trenutku. Ovo uključuje grešne misli i sve druge oblike grijeha u našem tijelu. A svi ovi grijesi, zajednički obilježeni, nazivaju se „stvari mesa."

Drugim riječima, mržnja, ponos, bijes, sud, osuda, preljuba, pohlepa itd., se zajednički nazivaju „meso," a svaki od ovih grijehova pojedinačno „stvari mesa." Tako da, dokle god ove stvari mesa ostanu u nečijem srcu, u određenim okolnostima one mogu izaći na otvoreno u bilo koje vrijeme kao grešna djela. Na primjer, ako kod nekog u njegovom srcu postoji obmanjiva priroda, to možda neće biti tako evidentno u normalnim okolnostima, ali ako je neko nevoljno prisiljen, ili u nekoj urgentnoj situaciji, on ili ona mogu lagati drugu osobu riječima ili djelima obmane.

Grijesi koji ovako izađu na otvoreno su takođe od „mesa,"

ali svaki grijeh počinjen u djelu se naziva „djela mesa." Ako na primjer, imate želju da udarite nekog, ova „bolesna želja" se smatra za „stvar mesa." A ako zaista udarite nekog, onda se ovo smatra za „djelo mesa."

Ako pogledate u Poslanicu Galaćanima 6:3, tamo se kaže: „Jer ako ko misli da je šta, a nije ništa, umom vara sebe." Bog govori da On više neće težiti za čovjekom zauvijek, jer se čovjek pretvorio u meso. Onda, da li to znači da Bog nije sa nama? Ne, to ne znači to. Zbog toga što smo mi prihvatili Isusa Hrista, primili Svetog Duha i ponovosmo rođeni kao Božja djeca, mi više nismo ljudi od mesa.

Ako mi živimo u skladu sa Božjom voljom i pratimo vođstvo Svetog Duha, Duh rađa duh i mi postajemo transformisani u ljude od duha. Bog, koji je duh, stanuje u onima koji se svakog dana transformišu u ljude od duha. Ipak, Bog ne stanuje u onima koji govore da vjeruju, a ipak nastavljaju da griješe i da čine djela mesa. Biblija stalno ističe da ovi ljudi ne mogu primiti spasenje (Psalmi 92:7; Jevanđelje po Mateju 7:21; Poslanica Rimljanima 6:23).

Djela mesa koja spriječavaju čovjeka da naslijedi kraljevstvo Božje

Ako mi, nakon što smo živeli u središtu grijeha, shvatimo da smo grešnici i prihvatimo Isusa Hrista, mi ćemo se truditi da ne počinimo djela mesa koja se grubo prikazuju kao „grijehovi." Da, Bog nije zadovoljan „stvarima mesa," ali su „djela mesa" ta koja nas mogu spriječiti da naslijedimo Božije kraljevstvo. Zbog toga, mi moramo pokušati da nikad više ne počinimo djela mesa.

1. Jovanova Poslanica 3:4 kaže: „Svaki koji čini grijeh i bezakonje čini: i grijeh je bezakonje." Ovdje: „Svaki koji čini grijeh" je svako ko počini djela mesa. Takođe, nepravednost je bezakonje; zbog toga ako ste nepravedni, čak i ako kažete da ste vjernik, Biblija upozorava da ne možete primiti spasenje.

1. Korinćanima Poslanica 6:9-10 navodi: „Ili ne znate da nepravednici neće naslijediti carstvo Božje? Ne varajte se: ni kurvari, ni idolopoklonici, ni preljubočinci, ni adžuvani, ni muželožnici, ni lupeži, ni lakomci, ni pijanice, ni kavgadžije, ni hajduci, carstvo Božje neće naslijediti."

U Jevanđelju po Mateju, poglavlje 13 jasno objašnjava šta će se dogoditi ovim ljudima na kraju doba: „Poslaće Sin Čovječiji anđele svoje, i sabraće iz carstva Njegovog sve sablazni i koji čine bezakonje, i baciće ih u peć ognjenu: onde će biti plač i škrgut zuba"(stihovi 41-42). Zašto bi se ovo dogodilo? Ovo je zato što umjesto da su pokušali da odbace grijeh, ovi ljudi su živjeli život u kompromisu sa neistinom ovog svijeta. Tako oni u Božjim očima nisu „pšenica" već „pljeva."

Zato je najvažnije da najprije shvatimo kakve smo zidove grijeha izgradili između nas i Boga, te da taj zid srušimo. Tek kada riješimo ovaj grešni problem, možemo biti priznati od Boga da imamo vjeru, te možemo rasti i sazrevati kao „pšenica." I tada možemo primiti odgovore na naše molitve i iskusiti isceljenje i blagoslove.

Evidentna djela mesa

Pošto djela mesa izlaze kao djela, mi možemo jasno vidjeti izopačenu i korumpiranu sliku počinjenog grijeha. Najevidentnija djela mesa su nemoral, nečistost i pohotljivost. Ovi grijesi su seksualni grijesi i oni koji počine ove grijehe ne mogu primiti spasenje. Zbog toga, svako na koga se ovi grijesi odnose, mora se brzo pokajati i okrenuti se na drugu stranu od ovih puteva.

1) Nemoral, nečistost, pohotljivost

Prvo, „nemoral" se ovdje odnosi na seksualni nemoral. To je kada čovjek i žena koji nisu u braku imaju fizičku vezu jedno sa drugim. U današnje vrijeme i doba, zbog toga što je naše društvo tako puno grijeha, imati seksualne odnose prije braka je postalo norma. Ipak, iako će se dvoje vjenčati i vole se, to se i dalje smatra djelanjem u neistini. Ali danas, ljudi se više i ne stide. Oni čak i ne smatraju takvo djelo za grijeh. Ovo je zato što kroz drame i filmove, društvo pretvara priče o nezakonitim pitanjima i vezama koje odstupaju od istine u „divne ljubavne priče." Pošto ljudi to gledaju i uključuju se u ove vrste drama i filmova, njihov osjećaj za diskreciju o grijesima se zamagljuje i malo po malo, ljudi postaju totalno desenzibilisani na grijeh.

Seksualni nemoral nije prihvatljiv ni sa etičke ni sa moralne tačke gledišta. Onda, koliko bi još neprihvatljiviji bio u očima svetog Boga? Ako se dvoje ljudi istinski voli, oni treba prvo da kroz institucije braka prime priznanje od Boga i od njhovih roditelja i rođaka, pa da onda napuste roditelje i da postanu jedno u tijelu.

Drugo, seksualni nemoral je kada oženjen čovjek ili udata žena ne zadrže njihove svete bračne zavjete. Naime, ovo je kada se muž ili žena upuste u vezu sa nekim ko nije njihov zakonski bračni drug. Ipak, pored preljube koja se dešava u vezama između ljudi, postoji takođe i duhovna preljuba koju ljudi često čine. Ovo je kada se ljudi nazivaju vjernicima, a obožavaju idole ili se konsultuju sa vidovnjakom ili čarobnjakom, ili zavise od neke vrste crne magije ili bezbožničkog vračanja. Ovo je djelo obožavanja zlih duhova i demona.

Ako pogledate Brojeve, poglavlje 25, dok sinovi Izraela ostaju u Sitim, ljudi ne samo da su počinili grijeh nemoralnosti sa ženama Moavskim; oni su se takođe poklonili njihovim bogovima. Kao rezultat, Božji gnjev se spustio na njih i 24.000 ljudi je umrlo od kuge u jednom danu. Zbog toga, ako neko kaže da on ili ona vjeruju u Boga, a ipak zavise od idola i demona, ovo je djelo duhovne preljube i čin kojim se izdaje Bog.

Sljedeće, „nečistoća" je kada bilo koja grešna priroda ode predaleko i postane prljava. Na primjer, kada preljubničko srce ode predaleko, pljačkaš može silovati i majku i ćerku u isto vrijeme. Kada ljubomora ode predaleko, to takođe može postati „nečistost." Na primjer, ako neko postane ljubomoran do tačke da nacrta sliku te osobe i da je gađa pikadom, ili da izbode sliku čiodama, takva abnormalna djela nastaju kao rezultat te ljubomore i ta djela su „nečistoća."

Prije nego što neko povjeruje u Boga, on ili ona mogu imati

griješne prirode kao što je mržnja, ljubomora, ili preljubništvo u njima. Zbog Adamovog prvobitnog grijeha, svaki čovjek se rađa sa neistinom, koja je u korjenu svake ljudske prirode. Kada ove grešne prirode u čovjeku pređu određenu granicu i odu izvan granica morala i etike i izazovu štetu i bol drugoj osobi, za to kažemo da je „nečistoća."

„Pohotljivost" je traženje zadovoljstva u stvarima požude, kao što su seksualne želje ili fantazije i činjenje raznih nečasnih djela prateći sopstvene pohotne želje. „Pohotljivost" se razlikuje od „preljube" u tome što osoba najveći dio svog dnevnog života živi natopljena preljubničkim mislima, riječima ili djelima. Na primjer, parenje sa životinjom, ili održavanje seksualnih odnosa – žena koja čini nečasna djela sa drugom ženom ili muškarac sa drugim muškarcem – ili upotreba seksualnih pomagala itd., sve su to zla djela koja spadaju u „pohotljivost."

U današnjem društvu, ljudi govore da homoseksualnost zaslužuje poštovanje. Ipak, ovo se kosi sa Bogom i razumom (Poslanica Rimljanima 1:26-27). Takođe, muškarci koji za sebe smatraju da su žene ili žene koje se smatraju muškarcima, ili transseksualci, nisu prihvatljivi Bogu (Knjiga Ponovljenog Zakona 22:5). Ovo se kosi sa Božjim redom postanka.

Kada društvo postane iskvareno usled grijeha, prva stvar koja postane nečista je ljudski moral i etika u vezi seksa. Istorijski, kad god seksualna kultura društva postane iskvarena, tome slijedi Božji sud. Sodoma i Gomora i Pompeja su dobri primjeri za to. Kad vidimo kako seksualna kultura našeg društva postaje nečista svuda u svijetu – do tačke kad se više ne može obnoviti – mi možemo znati da je Sudnji dan blizu.

2) Idiopoklonstvo, vračanje i neprijateljstvo

"Idoli" se mogu podijeliti u dvije velike kategorije. Prva je stvaranje slike o Bogu koji nema oblik, formiranjem nekakvog fizičkog oblika, ili kreiranje nekakve slike i objekta bogosluženja. Ljudi žele stvari koje mogu da vide sopstvenim očima, dodirnu svojim rukama i osjete svojim tijelom. Zbog toga ljudi koriste drvo, kamen, čelik, zlato ili srebro da bi napravili slike čovjeka, životinja, ptica ili riba, da bi im bogoslužili. Ili im daju imena, kao što su bog sunca, mjeseca i zvijezda i bogosluže im (Knjiga Ponovljenog Zakona 4:16-19). Ovo se naziva "idolopoklonstvom".

U Izlasku poglavlje 32, mi vidimo da kada je Mojsije otišao u Goru Sinajsku da primi Zakon i nije odmah sišao dole, Izraelci su napravili zlatno tele i bogoslužili mu. Iako su oni vidjeli bezbroj znakova i čuda, oni i dalje nisu htjeli da vjeruju i konačno, počeli su da se povinuju idolu. Vidjevši ovo, Božji gnjev se spustio na njih i On je rekao da će ih On uništiti. U to vrijeme, njihovi životi su pošteđeni zahvaljujući Mojsijevoj revnosnoj molitvi. Ali kao rezultat ovog događaja, oni koji su bili stariji od dvadeset godina u Izlasku, nisu mogli da uđu u zemlju Hanansku i umrli su u pustinji. Iz ovoga možemo vidjeti koliko Bog mrzi čin idolopoklonstva ili njihovog bogosluženja.

Drugo, ako postoji nešto što volimo više od Boga, onda to

postaje idol. U Poslanici Kološanima 3:5-6 čitamo: „Pomorite dakle ude svoje koji su na zemlji: kurvarstvo, nečistotu, slast, zlu želju i lakomstvo, koje je idolopoklonstvo. Za koje ide gnjev Božji na sinove protivljenja."

Na primjer, ako neko ima pohlepu u svom srcu, onda on može voljeti materijalne stvari više od Boga, a da bi zaradio više novca, on možda neće poštovati Gospodnji Sveti dan. Takođe, ako neko pokuša da zadovolji pohlepu u svom srcu voleći druge ljude ili stvari više od Boga—kao što je supružnik, djeca, slava, moć, znanje, zabava, televizija, sport, hobi ili izlasci—i ne voli da se moli i da vodi revnosni duhovni život, to je djelo bogosluženja idolu.

Zbog toga što nam je Bog rekao da ne počinimo djelo bogosluženja idolu, ako ljudi pitaju: „Znači Bog želi od nas da se samo Njemu povinujemo i da samo Njega volimo?" i pomisle da je Bog sebičan, oni to pogrešno shvataju. Bog nam nije rekao da Njega prvo volimo da bi bio diktator. On je to učinio da bi nas vodio da živimo živote vrijedne ljudskih bića. Ako neko voli druge stvari i povinuje im se više nego Bogu, taj neće moći da ispuni svoje dužnosti kao ljudsko biće i neće moći da odbaci grijehove iz svog života.

Sljedeće, riječnik definiše „vračanje" kao bavljenje magijom od strane neke osobe koja navodno barata natprirodnim moćima ili magijom uz pomoć zlih duhova; crne magije, „vještičarenja." Konsultovanje sa šamanima, medijumima i slično, takođe spada u ovu kategoriju. Neki ljudi posjećuju šamane ili medijume da bi ih pitali o svom djetetu koje se priprema za prijemni ispit za srednju školu, ili da bi saznali da li im je budući supružnik odgovarajući. Ili ako se pojave neke nevolje u njihovom domaćinstvu, oni pokušavaju da nabave amajliju za sreću. Ali Božja djeca ne bi trebalo nikad da čine ovakve stvari, jer će činjenje ovakvih stvari prizvati zle duhove u njihove živote i kao rezultat, veća iskušenja.

„Magija" i „čini" su taktike za obmanjivanje drugih, kao što je smišljanje zlih planova za varanje drugih, ili hvatanje u zamku. Iz duhovne perspektive „vračanje" je djelo varanja druge osobe kroz vješte obmane. Zbog toga danas tama vlada u svim različitim dijelovima našeg društva.

„Neprijateljstvo" je osjećanje netrpeljivosti i odbojnosti prema nekome i želja za njegovom konačnom propasti. Ako pažljivo proučite srca ljudi koji gaje osjećaj neprijateljstva prema nekome, vi možete vidjeti da se oni distanciraju i mrze drugu osobu, ili je iz nekog razloga ne vole, ili zbog njihovih sopstvenih zlih osjećanja. Kada ova zla osjećanja pređu određenu granicu, ona mogu eksplodirati u djela koja mogu povrijediti drugu osobu; kao što su klevete, ogovaranje i blaćenje i sve vrste malicioznih zlih djela.

U Samuelovoj Poslanici u poglavlje 16, mi vidimo da čim je duh GOSPODA napustio Saula, zli duhovi su došli da mu smetaju. Ali kada je David svirao na svojoj harfi, Saul se takođe osvježio i bio je dobro, i zli duhovi su otišli od njega. Takođe, David je ubio diva Falistejskog, Golijata, pomoću praćke i kamena, te spasio narod Izraela iz krize, rizikujući svoj život da bi bio vjeran Saulu. Ipak, Saul se plašio da će mu David preoteti vlast, te je proveo mnogo godina proganjajući Davida da ga ubije. Konačno, Bog se odrekao Saula. Božja Riječ nam govori da volimo čak i naše neprijatelje. Zbog toga, ne bi trebalo da gajimo neprijateljstvo ni prema kome.

3) Nesloga, ljubomora, izlivi bijesa

„Nesloga" nastaje kada ljudi postave svoje lične ciljeve i moć za prioritet ispred drugih i bore se za to. Nadmetanje obično počinje sa pohlepom i prouzrokuje konflikte koji vode ka nelsozi između vođa naroda, članova političkih partija, članova porodica, ljudi u crkvi i u svim drugim međuljudskim odnosima.

U korejskoj istoriji imamo primjer nesloge između državnih vođa. Dae Won Gon (Dae Won Goon), otac poslednjeg cara Čosun dinastije i njegova snaja, carica Miong Sung (Myong Sung) su se svađali oko političke moći jedno protiv drugog sa različitim stranim silama koje su ih podržavale. To je trajalo više od deset godina. Sve ovo je vodilo ka nacionalnom haosu, koji se zauzvrat pretvorio u pobunu vojske i revoluciju seljaka. Kao rezultat svega toga, mnoge političke vođe su bile ubijene, a carica Miong Sung je takođe bila ubijena od strane japanskih ubica. Konačno, usled ove nesloge između državnih vođa, Koreja je izgubila svoj suverenitet od strane Japanaca.

Prepirke se takođe mogu dogoditi između muža i žene, ili između roditelja i djeteta. Ako oba supružnika žele da se onaj drugi povinuje njegovim željama, ovo može prouzrokovati neslogu, pa čak i razilaženje. Ima slučajeva kada supružnici tuže jedno drugo te postanu doživotni neprijatelji. Ako ima prepirke u crkvi, počinje djelo Sotone te spriječava crkvu da raste i spriječava sve dijelove crkve da pravilno funkcionišu.

Kad čitamo Bibliju, mi često nailazimo na scene u kojima postoje konflikti i prepirke. U 2. Samuelovoj Poslanici 18:7, mi vidimo da je Davidov sin Avesalom poveo pobunu protiv Davida u kojoj je stradalo dvadeset hiljada ljudi, svi u istom danu. Takođe, nakon smrti Solomona, Izrael se podijelio na sjeverno kraljevstvo Izraela i na južno kraljevstvo Judeju, a čak i nakon toga nesloga i rat su se nastavili. Posebno u sjevernom kraljevstvu Izraela, tron je stalno bio ugrožen prepirkom. Tako, znajući da prepirka vodi bolu i uništenju, ja se nadam da ćete vi uvijek tragati za dobrobiti drugih i za mirom.

Sljedeće, „ljubomora" je kada se neko udalji od drugih pojedinaca i mrzi ih zbog toga što je postao zavidan, misleći da su oni bolji od njega. Kada ljubomora raste, ona se može razviti u bijes i spunjen zlom. Ovo može dovesti do prepirki koje vode nastanku sporova.

Ako pogledate Bibliju, Jakovljeve dvije žene, Lija i Rahilja su bile ljubomorne jedna na drugu a Jakov se našao između njih (Postanak, poglavlje 30). Kralj Saul je bio ljubomoran na Davida, kome je dato više ljubavi od strane ljudi nego Saulu (1 Samuel 18:7-8). Kain je bio ljubomoran na svog brata Avelja i ubio ga je (Postanak 4:1-8). Ljubomora se uzdiže iz zla u srcu neke osobe, što ih izaziva da zadovolje svoju pohlepu.

Najlakši način da otkrijete da li ste ljubomorni jeste da provjerite da li se osećate neprijatno kada neko drugi napreduje i ide mu dobro. Osim toga, možda počnete da ne volite tu osobu i da želite da joj oduzmete ono što ona ima. Takođe, ako se ikad poredite sa nekom drugom osobom i osjećate se obeshrabreno, ljubomora je u korijenu ovog problema. Kada je ta osoba sličnih godina, vjere, iskustva i porijekla ili iz iste okoline, vrlo je lako osjetiti ljubomoru prema toj osobi. Kao što nam je Bog zapovjedio „da volimo našeg komšiju kao sebe samog," ako je neka osoba pohvaljena zbog toga što je u nečemu bolja od nas, Bog želi da se mi radujemo sa njom. On želi da se radujemo kao da smo mi sami primili pohvalu.

„Izlivi bijesa" su izrazi bijesa koji prevazilaze unutrašnju ljutnju koju pokušavamo da zadržimo u nama. Oni često imaju razarajuće rezultate. Oni su na primjer, ako se neko brzo naljuti kad god se nešto ne poklapa sa njegovim mišljenjem ili mislima i on upotrebljava nasilje, čak i ubistvo. Jednostavno postati frustriran i izraziti tu frustraciju ne ometa spasenje; ipak, ako imate zlu prirodu bijesa, vi možete djelati sa izlivima gnjeva. Zbog toga vi morate isčupati ovo zlo iz korijena i odbaciti ga.

Ovo je slučaj kralja Saula, koji je postao ljubomoran na Davida i uporno pokušavao da ga ubije samo zato što je primio pohvalu od ljudi—pohvalu koju je zaslužio! Ima nekoliko mjesta u Bibliji kada Saul prikazuje izlive bijesa. Jednom je on bacio koplje na Davida (1 Samuel 18:11). Samo zato što je grad Nob pomogao Davidu u bekstvu, Saul je udario na grad. To je bio grad svještenika, a Saul ne samo da je pobio muškarce, žene, djecu i bebe; on je pobio i volove, magarce, i ovce (1 Samuel 22:19). Ako mi postanemo previše bijesni kao ovdje, mi na nas navlačimo veliku količinu grijeha.

4) Sporovi, razdori, izdvajanje

„Sporovi" dovode do odvajanja ljudi. Ako im nešto ne koristi, oni formiraju ekskluzivne saradnike ili grupe. To se ne odnosi samo na ljude koj su bliski, koji imaju nešto zajedničko, ili koji se često sastaju. Ovo su neprijateljske grupe čiji članovi ogovaraju, kritikuju, sude i osuđuju. Ove grupe se mogu formirati u porodici, komšiluku, pa čak i u crkvi.

Ako se na primjer, nekome ne dopadaju njegovi ili njeni svještenici, te taj počne da ih ogovara u krugu ljudi koji imaju isto mišljenje, onda je to „sinagoga Sotone." Zbog toga što ovi ljudi ometaju svještenike time što im sude i osuđuju ih, crkva kojoj oni služe ne može da doživi preporod.

„Razdori" stvaraju izdvajanje i separisanje jednoga od ostalih dok on prati svoju sopstvenu volju i misli. Primjer za to je stvaranje podjele unutar crkve. Ovo je djelo koje se protivi Božjoj volji, jer je prouzrokovano snažnim mišljenjem da je način na koji neko misli jedini ispravan način mišljenja, te sve mora biti krojeno u skladu sa dobrobiti te osobe.

Davidov sin Avesalom je izdao i pobunio se protiv svog oca (2. Samuelova Poslanica, poglavlje 15), jer je slijedio svoju pohlepu. Tokom ove pobune, mnogi Izraleci, čak i Ahitofel, Davidov savjetnik, stali su na stranu Avesaloma i izdali Davida. Bog napušta ljude kao što su ovi koji se bave djelima mesa. Zbog toga, Avasalom i svi ljudi koji su stali na njegovu stranu su konačno bili poraženi i suočili su se sa mizernim krajem.

„Jeres" je djelo ljudi koji se odriču Gospoda koji ih je otkupio donoseći im brzo uništenje (2. Petarova Poslanica 2:1). Isus Hrist je prolio Njegovu krv da bi nas spasio, dok smo mi bili u središtu grijeha; zbog toga je ispravno reći da nas je On otkupio Njegovom krvlju. Tako da, ako mi tvrdimo da vjerujemo u Boga, ali poričemo Sveto Trojstvo, ili poričemo Isusa Hrista koji nas je otkupio Njegovom krvlju, onda je to kao da mi navlačimo uništenje na nas same.

Postoje vremena kada, ne znajući istinsku definiciju jeresi, ljudi optužuju i osuđuju duge ljude zbog jeresi, samo zato što se oni malo razlikuju od njh samih. Ipak, to je vrlo opasno činiti i to može podpasti u kategoriju ometanja djela Svetog Duha. Ako neko vjeruje u Sveto Trojstvo—Oca, Sina i Svetoga Duha i ne odoriče se Isusa Hrista, mi ga ne možemo osuditi za jeres.

5) Zavist, ubistva, pijanstvo, poročnost

„Zavist" je ljubomora prikazana kroz djela. Ljubomora znači neodobravati ili ne voljeti druge kada im dobro ide, a zavist je korak dalje, kada ovo neodobravanje izaziva nekog da izvršava djela koja povrijeđuju druge. Normalno, zavist se često može vidjeti kod žena, ali se sigurno može naći i kod muškaraca; a ako napreduje, može voditi ka smrtnim grijesima, kao što je ubistvo. A i ako ne napreduje do tačke ubistva, može otići dotle da se druga osoba zastrašuje ili povrijeđuje, ili može dovesti do drugih zlih djela kao što je kovanje zavjere protiv druge osobe ili ljudi.

Sljedeće je „pijanstvo." U Bibliji je scena nakon presude o poplavi, kada je Noje pio vino, napio se i napravio grešku. Nojevo pijanstvo je konačno prouzrokovalo da Noje prokune svog drugog sina, koji je je njegove slabosti iznio na otvoreno. Poslanica Efežanima 5:18 kaže: „I ne opijajte se vinom u kome je kurvarstvo, nego se još ispunjavajte Duhom." Ovo znači da je pijanstvo grijeh.

Razlog zbog kog Biblija sadrži scene ljudi koji piju vino je zato što Izrael ima mnogo sušnih predela u divljini, a voda je prava rijetkost. Zbog toga su alternativna pića od vina, napravljena od čistog soka grožđa i drugog voća koje sadrži mnogo šećera, bila dozvoljena (Knjiga Ponovljenog Zakona 14:26). Ipak, ljudi Izraela su pili ovo vino umesto vode, ali nedovoljno da se od toga napiju. Ali u našoj državi danas, kada imamo u izobilju vodu za piće, mi zaista ne moramo da pijemo vino ili alkohol.

U Bibliji mi možemo vidjeti da Bog nije namjerio vjernicima da piju jaka pića kao što je vino (Levitiski Zakon 10:9; Poslanica Rimljanima 14:21). U Poslovicama 31:4-6 čitamo: „Nije za careve, Lemuilo, nije za careve da piju vino, ni za knezove da piju silovito piće, da ne bi pijući zaboravio uredbe, i izmjenio pravicu kome nevoljniku. Podajte silovito piće onome koji hoće da propadne, i vino onima koji su tužnog srca."

Vi možete reći: „Nije li u redu piti malo, ali ne napiti se?" Ali i ako popijete malo, vi se „malo napijete." Vi se ipak opijete čak i ako je to „samo malo." Kada se napijete, vi izgubite samokontrolu, pa ako ste inače smirena i blaga osoba, vi možete postati nasilni kada ste pijani. Postoje ljudi koji počinju da govore vrlo grubo i ponašaju se surovo, ili čak naprave scenu. Takođe, zbog toga što opijanje izaziva nedostatak racionalnosti i diskrecije, neki ljudi mogu počiniti različite grijehe. Vrlo često ljudi uništavaju svoje zdravlje zbog teškog alkoholizma, a ljudi koji postanu alkoholičari nanose bol ne samo sebi, već i ljudima koje vole. Ali u mnogo slučajeva, iako ljudi znaju koliko alkoholizam može biti štetan, jednom kada počnu oni ne mogu da se zaustave, te oni nastavljaju da piju i da uništavaju svoje živote. Zbog toga je „pijanstvo" uključeno u djela mesa.

Nekoliko stvari spada u kategoriju „poročnost." Ako je neko zadubljen u opijanje, klađenje, kockanje i slično, da ne može da izvršava svoja zaduženja kao što je vođenje domaćinstva, briga o djetetu, Bog onda to smatra za „poročnost." Takođe, nemati samokontrolu i juriti za seksualnim zadovoljstvima i voditi nemoralan život, ili živjeti na bilo koji način na koji samo vi želite, takođe potpada pod „poročnost."

Još jedan problem današnjeg društva je ljudska opsesija za površne luksuzne proizvode i poznate brendove koji ih uvlače u poročnost. Ljudi kupuju dizajnerske tašne, odjeću, cipele itd. koje ne mogu da priušte koristeći kreditne kartice, a to vodi ka ogromnom dugu. Nemajući načina da se dug otplati, neki ljudi čine čak i kriminalna dela ili izvrše samoubistvo. Ovo je slučaj nemanja samokontrole nad sopstvenom pohlepom, jurnjave za porocima, a onda dolazi do posljedica koje treba snositi.

6) I slično...

Bog nam govori da ima i mnogo drugih djela mesa pored onih koja smo već spomenuli. Ipak, misliti: „Kako se ja ikad mogu riješiti svih ovih grijehova?" mi ne treba da odustanemo na samom početku. Čak i ako imate mnogo grijehova, ako se snažno posvetite u vašem srcu i jako se potrudite, vi se definitivno možete osloboditi tih grijehova. Dok se trudite da ne počinite djela mesa, ako se jako trudite da činite dobra djela i stalno se molite, vi ćete primiti milost Božju i dobićete moć da se preobrazite. Ovo može biti nemoguće pomoću ljudske moći, ali sve je moguće sa Božjom moći (Jevanđelje po Marku 10:27).

Šta će se dogoditi ako vi živite kao svjetovni ljudi u središtu grijeha i poroka, čak i ako ste čuli i znate da ne možete naslijediti Božje kraljevstvo ako nastavite da činite djela mesa? Onda ste vi čovjek od mesa, naime „pljeva" i ne možete primiti spasenje. 1. Korinćanima Poslanica 15:50 kaže: „A ovo govorim, braćo, da tijelo i krv ne mogu naslijediti carstvo Božje, niti raspadljivost neraspadljivosti nasleđuje." Takođe, u 1. Jovanova Poslanica 3:8 se govori: „Koji tvori grijeh od đavola je, jer đavo griješi od početka."

Mi moramo zapamtiti da ako mi činimo djela mesa i da ako nastavljamo da gradimo zid grijeha između nas i Boga, mi onda ne možemo spoznati Boga, ne možemo primiti odgovore na naše molitve, niti naslijediti Božje kraljevstvo, naime Nebesa.

Ipak, samo zato što ste prihvatili Isusa Hrista i primili

Svetog Duha, to ne znači da možete da odbacite sva djela mesa odjednom. Ali uz pomoć Svetog Duha, vi morate pokušati da živite svetim životom i da se molite sa žarom Svetog Duha. Onda možete odbaciti djela mesa jedno po jedno. Čak i ako i dalje imate nekoliko djela mesa kojih još uvijek niste uspjeli da se riješite, ako date sve od sebe, Bog vas neće zvati čovjekom od mesa, već će vas zvati Njegovim djetetom koje je postalo pravedno po vjeri i On će vas voditi ka spasenju.

Ali to ne znači da vi treba da ostanete na nivou na kome nastavljate da činite djela mesa. Vi morate pokušati ne samo da odbacite stvari mesa koje su vidljive od spolja, nego i da pokušate da odbacite stvari mesa koje nisu vidljive od spolja. U vrijeme Starog Zavjeta, bilo je teško odbaciti stvari mesa jer Sveti Duh još nije bio došao i oni su morali da to urade svojom sopstvenom snagom. Sada u vrijeme Novog Zavjeta, mi ipak možemo odbaciti stvari mesa uz pomoć Svetog Duha i postati osvećeni.

Ovo je zato što nam je Isus Hrist već oprostio sve naše grijehe prolivajući Njegovu krv na krstu i poslao nam Svetog Duha, Utješitalja. Zbog toga se ja molim da primate pomoć Svetog Duha i da odbacite djela mesa i stvari mesa i da budete priznati za istinsko Božje dijete.

Poglavlje 4

„Prema tome uberite plodove u skladu sa pokajanjem"i

„Tada izlažaše k njemu Jerusalim i sva Judeja, i sva okolina jordanska; I on ih krštavaše u Jordanu, i ispovedahu grijehe svoje. A kad vide (Jovan) mnoge fariseje i sadukeje gdje idu da ih krsti, reče im: „Porodi aspidini, ko kaza vama da bežite od gnjeva koji ide? Rodite dakle rod dostojan pokajanja; I ne mislite i ne govorite u sebi: „Imamo oca Avrama;" jer vam kažem da može Bog i od kamenja ovog podignuti djecu Avramu. Već i sjekira kod korijena drvetu stoji; svako dakle drvo koje ne rađa dobar rod, siječe se i u oganj baca.""
(Jevanđelje po Mateju 3:-10)

Jovan je bio prorok koji je rođen prije Isusa i koji je „utabao put za Gospoda." Jovan je znao svrhu svog života. Tako, kada ja došlo vrijeme, on je revnosno širio vijesti o Isusu, dolazećem Mesiji. U to vrijeme, Jevreji su čekali Mesiju koji će spasiti njihov narod. Zbog toga je Jovan uzviknuo u pustinji Judeje: „Pokajte se, jer se približi carstvo nebesko!" (Jevanđelje po Mateju 3:2) A one koji su se pokajali zbog svojih grijehova, on je krštavao u vodi i vodio ih prihvatanju Isusa za Spasitelja.

Jevanđelje po Mateju 3:11-12 kaže: „Ja dakle krštavam vas vodom za pokajanje; a Onaj koji ide za mnom, jači je od mene; ja nisam dostojan Njemu obuću ponijeti; On će vas krstiti Duhom Svetim i ognjem. Njemu je lopata u ruci Njegovoj, pa će otrijebiti gumno Svoje, i skupiće pšenicu Svoju u žitnicu, a pljevu će sažeći ognjem vječnim." Jovan je govorio ljudima unaprijed da je Isus, Božji Sin koji je došao na ovaj svijet, naš Spasitelj i da će konačno biti naš Sudija.

Kada je Jovan vidio mnogo fariseja i sadukeja koji dolaze da se krste, on ih nazvao „porodi aspidini" i prekorio ih. On je ovo učinio, jer osim ako nisu ubrali odgovarajući plod pokajanja, oni neće moći da prime spasenje. Tako, pogledajmo sada bliže Jovanov prekor da bismo vidjeli tačno kakve plodove treba da ubiremo da bismo primili spasenje.

Porodi aspidini

I fariseji i sadukeji su bili grane judaizma. Fariseji su se smatrali za one koji su „odvojeni." Oni su vjerovali u vaskrsnuće pravednih i u osudu zlih; oni su se striktno držali Mojsijevog Zakona i tradicije vođa. Zbog toga je njihov status u društvu bio značajan.

Sa druge strane, sadukeji su bili aristokratski svještenici čiji su interesi najviše bili vezaniza hram, a njihovi stavovi i običaji su bili drugačiji od fariseja. Oni su podržavali političku situaciju pod rimskom upravom i oni su odbili da povjeruju u vaskrsnuće, vječnu prirodu duše i anđele i duhovna bića. Oni su Božje kraljevstvo smatrali za privremeno.

U Jevanđelju po Mateju 3:7, Jovan Krstitelj je prekorio fariseje i sadukeje govoreći im: „Porodi aspidini, ko kaza vama da bježite od gnjeva koji ide?" Zašto mislite da ih je on nazvao „porodi aspidini," kad su se oni smatrali Božjim vjernicima?

Fariseji i sadukeji su tvrdili da vjeruju u Boga i oni su podučavali Zakon. Ipak, oni nisu prepoznali Božjeg Sina, Isusa. Zbog toga Jevanđelje po Mateju 16:1-4 govori: „I pristupiše k Njemu fariseji i sadukeji, i kušajući Ga iskahu da im pokaže znak s neba. A On odgovarajući reče im: „Uveče govorite: „Biće vedro; jer je nebo crveno." I ujutru: „Danas će biti vjetar, jer je nebo crveno i mutno." Lice nebesko umijete poznavati, a znake vremena ne možete poznati? Rod zli i kurvarski traži znak, i znak neće mu se dati osim znaka Jone proroka." I ostavivši ih otiđe."

Takođe u Jevanđelju po Mateju 9:32-34 čitamo: „Kad oni pak iziđoše, gle, dovedoše k Njemu čovjeka nijemog i ibjesnog. I pošto izgna đavola, progovori nijemi. I divljaše se narod govoreći: „Nikada se toga nije vidjelo u Izrailju." A fariseji govorahu: „Pomoću knjaza đavolskog izgoni đavole." Dobra osoba bi se radovala i slavila Boga, jer je Isus izgonio demona. Ali fariseji su radije mrzeli Isusa i sudili Mu i osuđaivali Ga, govoreći da je On činio djela đavola.

U Jevanđelju po Mateju, poglavlje 12, mi se srećemo sa

scenom u kojoj ljudi pokušavaju da pronađu neki razlog da optuže Isusa, pitajući Ga da li je ispravno ili pogriješno iscijeliti nekoga na Sabat. Znajući njihove namjere, Isus im je dao ilustraciju o ovci koja je pala u jamu na Sabat, da bi ih podučio da je ispravno činiti dobra djela na Sabat. On je tada iscijelio čovjeka čija se ruka osušila. Ipak, umjesto da nauče iz ovog događaja, oni su se urotili da se otarase Isusa. Pošto je Isus činio djela koja oni nisu mogli da učine, oni su bili ljubomorni na Njega.

1. Jovanova Poslanica 3:9-10 kaže: „Koji je god rođen od Boga ne čini grijeha, jer Njegovo sjeme stoji u njemu, i ne može griješiti, jer je rođen od Boga. Po tome se poznaju djeca Božja i djeca đavolja: koji god ne tvori pravde, nije od Boga, i koji ne ljubi brata svog." Ovo znači da osoba koja počini grijehe, nije od Boga.

Fariseji i sadukeji su tvrdili da vjeruju u Boga, a ipak su bili puni zla. Oni su činili djela mesa kao što su ljubomora, mržnja, gordost, suđenje i osuda. Oni su takođe počinili i druga djela mesa. Oni su samo sprovodili i formalno poštovali Zakon i tražili su svjetovnu čast. Oni su bili pod uticajem Sotone, stare zmije (Otkrivenje Jovanovo 12:9); tako da kad ih je Jovan Krstitelj nazvao „porodima aspidinim," on je aludirao na ovo.

Brati plodove u skladu sa pokajanjem

Ako smo mi Božja djeca, mi treba da budemo na svjetlosti jer je Bog Svjetlost (1. Jovanova Poslanica 1:5). Ako smo u tami, što je suprotnost od Svjetlosti, mi nismo Božja djeca. Ako mi ne djelamo u pravednosti, što je Božja Riječ, ili ako ne volimo našu braću po vjeri, onda mi nismo od Boga (1. Jovanova Poslanica 3:10). Takvi ljudi ne mogu primiti odgovore na njihove molitve. Oni ne mogu primiti spasenje niti iskusiti Božja djela.

Jevanđelje po Jovanu 8:44 kaže: „Vaš je otac đavo; i slasti oca svog hoćete da činite. On je krvnik ljudski od početka, i ne stoji na istini; jer nema istine u njemu. Kad govori laž, svoje govori: jer je laža i otac laži."

Zbog Adamove neposlušnosti, cijelo čovječanstvo je rođeno kao djeca neprijatelja đavola, koji je vladar tame. Samo oni koji prime oproštaj vjerom u Isusa Hrista se ponovo rađaju kao Božja djeca. Ipak, ako vi tvrdite da vjerujete u Isusa Hrista, a vaše srce je ipak puno grijeha i zla, onda se vi ne možete nazvati istinskim Božjim djetetom.

Ako mi želimo da postanemo Božja djeca i primimo spasenje, mi se moramo brzo pokajati za sva naša djela mesa i stvari mesa i brati odgovarajuće plodove pokajanja tako što ćemo djelati u skladu sa željama Svetog Duha.

Ne vjerujte da je Avram vaš otac

Nakon što je objavio farisejima i sadukejima da beru plodove u skladu sa pokajanjem, Jovan Krstitelj je nastavio da govori: „I ne mislite i ne govorite u sebi: „Imamo oca Avrama; jer vam kažem da može Bog i od kamenja ovog podignuti djecu Avramu"" (Jevanđelje po Mateju 3.9).

Koje je duhovno značenje ovog stiha? Potomak Avramov treba da liči na Avrama. Ali za razliku od Avrama, koji je otac vjere i čovjek pravednosti, fariseji i sadukeji su bili ispunjeni bezakonjem i nepravednošću u njihovim srcima. Dok su činili zla djela i povinovali se đavolu, oni su sebe smatrali da su Božja djeca. Zbog toga ih je Jovan prekorio poredeći ih sa Avramom. Bog vidi središte ljudskog srca, a ne spoljni izgled (1. Samuelova Poslanica 16:7).f

U Poslanici Rimljanima 9:6-8 čitamo: „A nije moguće da riječ Božja prođe. Jer nisu svi Izrailjci koji su od Izrailja; niti su svi djeca koji su sjeme Avraamovo, nego: „u Isaku, reče, nazvaće ti se sjeme." To jest, nisu ono djeca Božja što su po tijelu djeca, nego djeca obećanja primaju se za sjeme."

Otac Avram je imao mnogo sinova; ipak, samo su potomci Isaka postali istinski potomci Avrama – potomci obećanja. Fariseji i sadukeji su bili Izraelci po krvi, ali za razliku od Avrama, oni se nisu držali Božje Riječi. Tako, duhovno govoreći, oni nisu mogli biti priznati za istinsku djecu Avramovu.

Na isti način, ako neko prihvati Isusa Hrista i posjećuje crkvu, to ne znači da oni automatski postaju Božja djeca. Božje dijete se odnosi na osobu koja je primila spasenje kroz vjeru. Štaviše, imati vjeru ne znači samo slušati Božju Riječ. To znači primjeniti ovo na djela. Ako mi našim usnama izjavljujemo da smo Njegovo dijete, a ipak su naša srca ispunjena nepravednošću koju Bog prezire, mi se ne možemo nazivati Božjom djecom.

Da je Bog želio djecu koja djeluju iz zla, kao što su fariseji i sadukeji, On bi izabrao beživotno kamenje koje se kotrlja po zemlji da budu Njegova djeca. Ali to nije bila Božja volja.

Bog je želio da ima istinsku djecu sa kojom će On moći da podjeli Njegovu ljubav. On je želio djecu kao što je Avram, koji je volio Boga i povinovao se Njegovim riječima u potpunosti i koji je djelao iz ljubavi i dobrote sve vrijeme. Ovo je zato što ljudi koji ne odbace zlo iz njihovih srca, ne mogu istinski donijeti radost Bogu. Ako mi živimo kao fariseji i sadukeji, sledeći volju đavola umjesto Božju volju, onda Bog nema potrebe da ulaže toliki trud u stvaranje čovjeka i njegovu kultivaciju. On je onda mogao uzeti kamenje i pretvoriti ih u Avramove potomke!

„Svako dakle drvo koje ne rađa rod dobar, sijeku i u oganj bacaju."

Jovan Krstitelj rekao je farisejima i sadukejima: „Već i sjekira kod korijena drvetu stoji; svako dakle drvo koje ne rađa dobar rod, siječe se i u oganj baca" (Jevanđelje po Mateju 3:10). Ono na šta Jovan ovde misli je to, da pošto je Božja Riječ objavljena, svakome će se suditi u skladu sa njegovim djelima. Zbog toga svako drvo koje ne rađa dobar rod—kao fariseji i sadukeji—biće bačeno u oganj Pakla.

U Jevanđelju po Mateju 7:17-21, Isus je rekao: „Tako svako drvo dobro rodove dobre rađa, a zlo drvo rodove zle rađa." Ne može drvo dobro rodova zlih rađati, ni drvo zlo rodova dobrih rađati. Svako dakle drvo koje ne rađa rod dobar, sijeku i u oganj bacaju. I tako dakle, po rodovima njihovim poznaćete ih. Neće svaki koji Mi govori: „Gospode, Gospode" ući u carstvo nebesko; no koji čini po volji Oca Mog koji je na nebesima."

Isus je takođe rekao u Jevanđelju po Jovanu 15:5-6: „Ja sam čokot a vi loze; i koji bude u Meni i Ja u njemu on će roditi mnogi rod; jer bez Mene ne možete činiti ništa. Ko u Meni ne ostane izbaciće se napolje kao loza, i osušiće se, i skupiće je, i u oganj baciti, i spaliti." Ovo znači da Božja djeca koja čine u skladu sa Njegovom voljom i koja rađaju predivne plodove, ući će u Raj, ali oni koji to nisu su djeca đavola i biće bačeni u oganj Pakla.

Kada Biblija govori o Paklu, često se koristi riječ „oganj." Otkrivenje Jovanovo 21:8 kaže: „A strašljivima i nevjernima i poganima i krvnicima, i kurvarima, i vračarima, i idolopoklonicima, i svima lažama, njima je dio u jezeru što gori ognjem i sumporom; koje je smrt druga." Prva smrt je kada se nečiji fizički život završi, a druga smrt je kada duša, ili gospodar osobe, primi osudu i padne u vječni oganj Pakla koji nikad ne umire.

Pakao se sastoji od jezera gorućeg ognja ili „sumpora." Oni ljudi koji ne vjeruju u Boga i oni koji tvrde da vjeruju u Njega ali praktikuju nepravednost i ne rađaju plodove pokajanja nemaju ništa sa Bogom; zbog toga će oni otići u jezero ognja u Pakao. Oni ljudi koji su učinili nešto tako zlo što je ljudski nezamislivo, ili oni koji su se usprotivili Bogu na ozbiljan način, ili ako su se predstavljali za lažnog proroka i doveli do toga da mnogo ljudi ode u Pakao, otići će u jezero gorućeg sumpora, koje je sedam puta vrelije od jezera ognja (Otkrivenje Jovanovo 19:20).

Neki raspravljaju o tome da kada jednom primite Svetog Duha i vaše ime se zapiše u Knjigu Života, vi ćete biti spašeni bez obzira na sve. Ipak, to nije istina. U Otkrivenju Jovanovom 3:1 čitamo: „Znam tvoja dela, da imaš ime da si živ, a mrtav si." Otkrivenje Jovanovo 3.5 govori: „Koji pobjedi on će se obući u haljine bijele, i neću izbrisati ime njegovo iz knjige života, i priznaću ime njegovo pred Ocem Svojim i pred anđelima Njegovim." „Ti imaš ime da si živ" odnosi se na one koji su prihvatili Isusa Hrista i čije je ime zapisano u Knjizi života. Ipak, ovaj stih pokazuje da uprkos tome, ako neko griješi i ide putem smrti, njegovo ime može biti izbrisano iz knjige.

U Izlasku 32:32-33, mi imamo scenu u kojoj je Bog bijesan na Izraelce i na ivici je da ih uništi zbog njihovog idiopoklonstva. U to vrijeme, Mojsije se zauzeo za sinove Izraela moleći Boga da im oprosti – čak i ako to znači brisanje njegovog imena iz Knjige života. A na ovo Bog govori: „Ko Mi je zgriješio, onog ću izbrisati iz knjige Svoje" (Izlazak 32:33). To znači da iako je vaše ime zapisano u knjizi, ono može biti izbrisano ako se udaljite od Boga.

Zapravo, ima mnogo mesta u Bibliji koja govore o odvajanju pšenice od pljeve među vjernicima. Jevanđelje po Mateju 3:12 kaže: „Njemu je lopata u ruci Njegovoj, pa će otrijebiti gumno Svoje, i skupiće pšenicu Svoju u žitnicu, a pljevu će sažeći ognjem vječnim." Takođe se u Jevanđelju po Mateju 13:49-50 kaže:

„Tako će biti na poletku vijeka: izići će anđeli i odlučiće zle od pravednih; i baciće ih u peć ognjenu: onde će biti plač i škrgut zuba."

Ovdje, „pravedni" se odnosi na vjernike, a „zli od pravednih" se odnosi na one koji tvrde da su vjernici, ali isto kao i pljeva, imaju mrtvu vjeru, što je vjera bez djela. Ovi ljudi će biti bačeni u oganj Pakla.

Plodovi u skladu sa pokajanjem

Jovan Krstitelj je podsticao ljude ne samo da se pokaju, več da u isto vrijeme ubiraju plodove u skladu sa pokajanjem. Onda, šta su plodovi u skladu sa pokajanjem? To su plodovi svjetlosti, plodovi Svetog Duha i plodovi ljubavi, koji su predivni plodovi istine.

Mi možemo o ovome da pročitamo u Poslanici Galaćanima 5:22-23: „A rod je duhovni ljubav, radost, mir, trpljenje, dobrota, milost, vjera, krotost, uzdržanje; na to nema zakona." A Poslanica Efežanima 5:9 govori: „Jer je rod duhovni u svakoj dobroti i pravdi i istini." Među svim ovima hajde da pogledamo na devet plodova Svetog Duha, koja izuzetno predstavljaju ove „dobre plodove."

Prvi plod je ljubav. Poglavlje 13, 1. Korinćanima Poslanice nam govori o čemu ljubav govori: „Ljubav dugo trpi, milokrvna je; ljubav ne zavidi; ljubav se ne veliča, ne nadima se, i tako dalje" (stihovi 4-5). Drugim riječima, istinska ljubav je duhovna ljubav. Štaviše, ova vrsta ljubavi je ljubav žrtvovanja sa kojom neko može dati i svoj život za Božje kraljevstvo i Njegovu pravednost. Neko može zadobiti ovu vrstu ljubavi ako odbaci grijeh, zlo i nepravednost i postane posvećen.

Drugi plod je radost. Ljudi koji imaju plod radosti mogu biti radosni ne samo kada stvari dobro idu, već i u svim okolnostima i situacijama. Oni su uvijek radosni u središtu nade za Nebesima. Zbog toga oni ne brinu; i bez obzira na to sa kakvim se problemima susreću, oni se mole sa vjerom, te primaju odgovore na njihove molitve. Zbog toga što vjeruju da je svemogući Bog njihov Otac, oni se uvijek mogu radovati, mogu se stalno moliti i biti zahvalni u svim okolnostima.

Mir je treći plod. Osoba sa ovim plodom ima srce koje se ni sa kim ne sukobljava. Zbog toga što takvi ljudi nemaju mržnju, sklonost ka borbi ili svađi, nisu egocentrični ni sebični, oni mogu staviti druge ispred sebe, žrtvovati se za njih, služiti im i ponašati se prema njima ljubazno. Kao rezultat, oni mogu uvek dostići mir.

Četvrti plod je strpljenje. Ubirati ovaj plod znači biti strpljiv u istini kroz razumijevanje i opraštanje. Ovo ne znači „izgledati" strpljivo smirivanjem bijesa koji unutra ključa. To znači odbaciti zla kao što su ljutnja i bijes, a umijesto toga ispuniti se dobrotom i istinom. To znači razumijeti sve vrste ljudi i prihvatiti ih. I zbog toga što osoba koja ubire ovaj plod nema negativnih emocija, uopšte nema potrebe za riječima kao što su „oproštaj" i „biti strpljiv." Ne samo da se ovaj plod tiče odnosa sa ljudima, već to takođe znači biti strpljiv sa samim sobom kad se odbacuje zlo u svom srcu i čekati strpljivo dok se na molitve i molbe podignute do Boga ne odgovori.

Peti plod, dobrota, znači razumijeti kada je nešto ili nekog nemoguće razumijeti. Ova dobrota je takođe oproštaj, kada je nemoguće oprostiti. Ako vi imate egocentrične misli ili osjećate da ste stalno u pravu, vi ne možete ubirati plod milosti. Samo onda kada se odreknete samog sebe, prihvatite sve stvari širokim srcem i gledate na druge ljude s ljubavlju, vi ćete moći da istiski razumijete i oprostite.

Šesti plod je dobrota. To znači oponašati Isusovo srce: srce koje se nikad ne raspravlja niti postaje hvalisavo; ne lomi izmučenu trsku, niti gasi tinjajući fitilj. Ovo je istinsko srce koje, odbacivši sve grijehe, uvek traži dobrotu u Svetom Duhu.

Sedmi plod je vjernost. To znači vjerovati do smrti – kada se radi o borbi protiv grijeha i odbacivanju grijeha, da bi se dostigla istina u vašem srcu. To takođe znači biti lojalan i vjeran kada se radi o ispunjavanju dužnosti prema crkvi, domaćinstvu, poslu, ili prema bilo kojim dužnostima koje imate. To znači biti vjeran u „svim Božjim domaćinstvima."

Osmi plod je krotkost. Imati plod krotkosti znači imati srce koje je meko kao pamuk, koje nekom omogućava da prihvati sve vrste ljudi. Ako dostignete krotko srce, bez obzira na to ako neko dođe i pokuša da vas uvrijedi, vi se nećete uvrijediti niti biti povrijeđeni. Kao kada neko baci kamen na pamuk, pamuk ga prihvati i pokrije, tako ćete i vi ako ubirete plod krotkosti, moći da prihvatite i da budete hladovina za mnogo ljudi koji vam dolaze i traže mjesto za odmor.

Najzad, ako ubirete plod uzdržanja, vi možete uživati u stabilnosti u svim oblasitma vašeg života. A u urednom životu, vi možete ubirati sve ispravne vrste plodova u odgovarajuće vrijeme. Stoga, vi možete uživati u prelijepom i blagoslovenom životu.

Zato što Bog želi da mi imamo ovakva lijepa srca, On govori u Jevanđelju po Mateju 5:14: „Vi ste vidjelo svijetu," a u stihu 16: „Tako da se svjetli vaše vidjelo pred ljudima, da vide vaša dobra djela, i slave Oca vašeg koji je na nebesima." Ako mi možemo da ubiremo plodove Svjetlosti koji su u skladu sa pokajanjem, tako što ćemo istinski biti na Svjetlosti, onda će se u našim životima prelivati dobrota i pravednost i istina (Poslanica Efežanima 5:9).

Ljudi koji ubiraju plodove u skladu sa pokajanjem

Kada se mi pokajemo zbog naših grijehova i ubiremo plodove u skladu sa pokajanjem, onda Bog priznaje ovo za vjeru i blagosilja nas odgovarajući na naše molitve. Bog nam daje milost kada se mi pokajemo iz dubina naših srca.

Tokom njegovih perioda iskušenja, Jov je otkrio zlo u njegovom srcu i pokajao se u prašini i pepelu. U to vrijeme, Bog je iscjelio sve otekle čireve na njegovom tijelu i blagoslovio ga sa duplim izobiljem koje je ranije imao. Takođe ga je blagoslovio djecom koja su bila još ljepša nego ona koju je ranije imao (Jov, poglavlje 42). Kada se prorok Jona pokajao dok je bio zarobljen u trbuhu ogromne ribe, Bog ga je spasio. Narod Ninevija je postio i pokajao se nakon što su primili upozorenje o Božjem gnjevu koji se nadneo nad njih zbog njihovih grijehova i Bog im je oprostio (Jona, poglavlja 2-3). Jezekiju, 13. kralju južnog kraljevstva Judeje, Bog je rekao: „Ti ćeš umrijeti i nećeš živjeti." Ipak, kada je on povikao u pokajanju, Bog mu je produžio život još 15 godina (2 Knjiga Kraljevima, poglavlje 20).

Na ovaj način, čak i ako neko počini zlo djelo, ako se on ili ona pokaju iz središta njenog ili njegovog srca i istinski se okrenu od grijeha, Bog prima to pokajanje. Bog čuva Njegov narod, kao što je zapisano u Psalmima 103:12: „Koliko je istok daleko od zapada, toliko udaljuje od nas bezakonja naša."

U 2. Knjizi Kraljevima, poglavlje 4, mi vidimo jednu uglednu ženu iz Sunima koja je vjerno služila proroku Jeliseju njenim gostoprimstvom. Iako ona to nije tražila, ona je dobila sina koga je dugo željela. Ona nije služila da bi primila blagoslov, već je služila Jeliseja jer je voljela i bilo joj je stalo do Božjeg sluge. Bog je bio zadovoljan njenim dobrim dijelom i blagoslovio je blagoslovom začeća.

Takođe, u Djelima Apostolskim, poglavlje 9, mi vidimo Tabitu, učenicu koja je u izobilju imala djela dobrote i milosrđa. Kada se razboljela i umrla, Bog je iskoristio Petra da je vrati u život. Onoj voljenoj djeci koja ubiraju prelijepe plodove, Bog želi da im odgovori na molitve i da im da Njegovu milost i blagoslove.

Zbog toga mi jasno moramo znati Božju volju i ubirati plodove u skladu sa pokajanjem. Mi onda treba da oponašamo srce Gospoda i da praktikujemo pravednost. Reflektijući sebe u skladu sa Božjom Riječi, ako bilo koji segment vašeg života nije u skladu sa Božjom Riječi, ja se molim da se vi okrenete Njemu, time što ćete ubirati plodove Svetog Duha, plodove Svetlosti i plodove ljubavi, da biste mogli da primate odgovore na sve vaše molitve.

Riječnik

Razlika između roba i prijatelja

„Grijeh" je bilo koje djelo koje nije u skladu sa vjerom. To je ne činjenje ispravne stvari a znati da je to ispravno. U širem obimu, sve što nema veze sa vjerom je grijeh; zbog toga je nevjerovanje u Isusa Hrista najveći grijeh.

„Zlo"je bilo šta što je neprihvatljivo kada se reflektuje na Božju Riječ, to je sve što je suprotno isitni. To su grešne prirode koje stanuju u srcu. U skladu sa tim, grijeh je specifični, spoljašnji izraz, ili vidljiva forma zla u nečijem srcu. Zlo je nevidljiva priroda; zbog toga je grijeh utvrđen kao rezultat zla u nečijem srcu.

Šta je dobrota?

U riječniku, dobrota je „stanje ili kvalitet dobrog, moralna vještina, vrlina." Ipak, u zavisnosti od savjesti neke osobe, mjerilo dobrote može biti različito. Zbog toga se apsolutno mjerilo dobrote mora naći u Božjoj Riječi koji je i sam dobrota. Zbog toga, dobrota je istina, naime Božja Riječ. To je Njegova sama volja i misao.

Poglavlje 5

„Mrzeći na zlo; držite se dobra."

*„Ljubav da ne bude lažna.
Mrzeći na zlo držite se dobra."
(Poslanica Rimljanima 12:9)*

U današnje vrijeme mi možemo vidjeti zlo u odnosima između roditelja i djece, između supružnika, među braćom i sestrama i među komšijama. Ljudi tuže jedni druge oko nasljedstva, a u nekim slučajevima ljudi izdaju jedni druge zbog koristi. Ovo ne samo da dovodi do toga da se drugi mršte na njih; već im takođe donosi i velike patnje. Zbog toga je Bog rekao: „Uklanjajte se od svakog zla" (1. Solunjanima Poslanica 5:22).

Svijet kaže za osobu da je „dobra" kada je on ili ona moralno ispravna i savjesna. Ipak, ima mnogo slučajeva kada nečiji „dobar" moral i savjest nisu baš tako dobri kada se odražavaju kroz Božju Riječ. Štaviše, ponekad je to u potpunoj kontradiktornosti sa

Božjom voljom. Jednu istinu koju mi moramo ovdje zapamtiti je da je Božja Riječ—i Njegova Riječ samo—apsolutno mjerilo za „dobrotu." Zbog toga, sve i bilo šta što nije u potpunosti u skladu sa Božjom Riječi je zlo.

Onda, kako se grijeh i zlo razlikuju? Ove dvije stvari se čine da su slične, ali se razlikuju. Na primjer, ako koristimo drvo kao ilustraciju, zlo je slično korijenju koje je ispod zemlje i nevidljivo, dok je grijeh vidljivi dio drveta, kao što su grane, lišće i plodovi. Kao što drvo može da živi zbog njegovih korijenja, osoba griješi zbog zla koje je u njoj. Zlo je jedna od priroda unutar nečijeg srca i ono obuhvata osobine i uslove koji su Bogu kontradiktorni. Kada ovo zlo uzme formu u kojoj se izražava, kao što je misao ili djelo, onda se naziva „grijeh."

Kako se zlo prikazuje kao grijeh

Jevanđelje po Luki 6:45 govori: „Dobar čovjek iz dobre kleti srca svog iznosi dobro, a zao čovjek iz zle kleti srca svog iznosi zlo, jer usta njegova govore od suviška srca." Ako „mržnja" postoji u srcu, ona izlazi napolje u vidu „sarkastičnih primjedbi,"„oštrih riječi," ili drugih specifičnih grijehova kao što su ovi. Da bismo vidjeli kako zlo koje je u srcu izlazi napolje u vidu grijeha, pogledajmo bliže Davida i Judu Iskariotskog.

Jedne noći dok je kralj David šetao po terasi svoje palate, vidio je ženu koja se kupala i pao je u iskušenje. Pozvao je i počinio preljubu sa njom. Ova žena je bila Vitsava, i u to vrijeme njen muž, Urija, nije bio tu jer je otišao u rat. Kada je David saznao da je Vitasava trudna, on je skovao zavjeru da ubije Urija na bojnom polju i da uzme Vitsavu za ženu.

Naravno, David je samo imenovao Urija da predvodi rat—on ga zapravo nije ubio—a u to vrijeme, kao kralj, David je imao svu moć i vlast da ima onoliko žena koliko želi. Ipak, u Davidovom srcu, on je imao jasnu namjeru da Urija bude ubijen. Na ovaj način, ako vi imate zlo u nekoj oblasti vašeg srca, vi možete zgriješiti bilo kada.

Kao posljedica ovog grijeha, sin kog je David imao sa Vitsavom je umro; a njegov drugi sin Avšalom, izdao ga je. Kao rezultat, David je morao da bježi, a Avšalom je počinio gnusno djelo spavajući sa očevim konkubinama pred njegovim ljudima u sred bijela dana. Usled ovog događaja, mnogo ljudi iz kraljevstva je umrlo, uključujući i Avšaloma. Grijeh preljube i ubistva donelo je veliko stradanje za Davida i njegov narod.

Juda Iskariotski, jedan od Isusovih dvanaest učenika je najbolji primjer izdaje. Tokom 3 godine koje je proveo sa Isusom, on je vidio sva čuda koja se mogu desiti samo uz pomoć Božje moći. On se brinuo o novcu među učenicima, a imao je muke da odbaci grijeh pohlepe iz svog srca i s vremena na vrijeme je uzimao novac iz kese i koristio ga za svoje sopstvene potrebe. Konačno, njegova pohlepa, dovela je do toga da je izdao svog učitelja, a njegova sopstvena krivica natjerala ga je da se obesi.

Tako, ako imate zlo u vašem srcu, vi nikad ne znate u kom će obliku to zlo izaći na vidjelo. Čak i ako je to mala forma zla, ako raste, Sotona može djelati kroz njega i uvući vas u grijeh koji vi sami ne možete izbjeći. Vi možete izdati neku osobu, ili čak Boga. Ova vrsta zla donosi bol i patnje vama i ljudima oko vas. Ovo je razlog zbog kog vi morate mrzeti ono što je zlo i odbaciti i najmanju formu zla. Ako vi mrzite zlo, vi ćete se prirodno udaljiti od tog zla, nećete misliti o tome i nećete ga izvršiti. Bićete samo dobri. Zbog toga je Bog rekao da mrzimo ono što je zlo.

Razlog zbog kog bolest, testiranje, iskušenje i nevolje dolaze na nas je zato što smo mi počinili djela mesa tako što smo dozvolili da se zlo u našim srcima ispolji kao grijeh. Ako mi ne kontrolišemo naša srca i počinimo djela mesa, mi se u Božjim očima ne razlikujemo od životinja. Ako je ovo slučaj, biće Božji gnjev i on će nas kazniti da bismo opet bili kao ljudi a ne kao životinje.

Odbaciti zlo i postati osoba od dobrote

Iskušenja i nevolje ne dolaze samo zbog misli u neistini ili zbog djela mesa koji postoje u srcu. Ali misli se mogu razviti u djela mesa (grješna djela) bilo kada, te se mi moramo riješiti stvari mesa.

Prije svega, ako neko ne vjeruje u Boga čak i nakon što je vidio čuda koja je On učinio, to je zlo među svim zlom. U Jevanđelju po Mateju 11:20-24, Isus je osudio gradove u kojima se najviše Njegovih čuda dogodilo jer se oni nisu pokajali. Harazinu i Vitsaidi, Isus je rekao: „Ali vam kažem," i On je upozorio: „Tiru i Sidonu lakše će biti u dan strašnog suda nego vama." A Kapernaumu On je rekao: „Ali vam kažem da će zemlji sodomskoj lakše biti u dan strašnog suda nego tebi."

Tir i Sidon se odnosi na dva blaga grada. Vitsaida i Harazin su izraelski gradovi sjeverno od Galilejskog mora. Vitsaida je takođe rodni grad trojice učenika: Petra, Andreja i Filipa. Ovdje je Isus otvorio oči slijepom čovjeku i gdje je izveo veliko čudo dvije ribe i pet hljebova ječmenih kojima je nahranio 5000 ljudi. Pošto su vidjeli čudo koje im je dalo više nego dovoljno dokaza da vjeruju u Isusa, oni su trebali da prate, da se pokaju i da odbace zlo iz njihovih srca u skladu sa Njegovim učenjima. Ali oni to nisu učinili. Zbog toga su bili kažnjeni.

Isto važi i za nas danas. Ako je neko svjedok znakova i čuda koje izvodi neko od Boga, a on ili ona još uvijek ne vjeruje u Boga, već sudi i osuđuje situaciju ili osobu od Boga, onda ta osoba pokazuje dokaz da u njenom srcu ima zla. Onda, zašto ljudi ne mogu da povjeruju? To je zato što oni moraju da obuzdaju i odbace stvari mesa, ali oni to ne čine. Umjesto toga, oni čine djela mesa i čine grijehove. Što više griješe, to više njihovo srce postaje bezobzirno i otvrdnulo. Njihove savjesti postaju neosjetljive i konačno spržene kao vrelim gvožđem.

Iako Bog pokazuje čuda za njih da ih vide, ljudi kao što su ovi nisu u stanju da zadobiju razumijevanje i da vjeruju. Pošto nema razumijevanja, oni se ne mogu pokajati, a pošto se ne mogu pokajati, oni ne mogu prihvatiti Isusa Hrista. Ovo je slično osobi koja krade. Prvo, osoba se plaši da ukrade i najmanju stvar; ali nakon ponavljanja djela nekoliko puta, ona ne osjeća ni grižu savjesti nakon krađe velike stvari, jer je njeno srce postalo bezobzirno u toku procesa.

Ako mi volimo Boga, jedino je ispravno da preziremo zlo i da se držimo dobrog. Da bismo ovo uradili, mi najprije moramo prestati da činimo sva djela mesa i da onda takođe odbacimo sve stvari mesa iz naših srca.

A kada smo u procesu odbacivanja grijeha i zla, mi možemo

izgraditi vezu sa Bogom i primiti Njegovu ljubav (1. Jovanova Poslanica 1:7, 3:9). Naša lica će uvijek odražavati preobilnu radost i zahvalnost, mi možemo primiti iscjeljenje od bilo koje bolesti i mi možemo primiti rešenja na bilo koje probleme koje možda imamo u našoj porodici, na poslu itd.

Zlobne i preljubnički nastrojene generacije koje žude za znakom

U Jevanđelju po Mateju 12:38-39, mi vidimo neke pisare i fariseje koji zahtjevaju od Isusa da im pokaže znak. Isus im je onda rekao da zle i preljubnički nastrojene generacije žude da vide znak. Na primjer, ima ljudi koji kažu: „Ako mi pokažeš Boga, vjerovaću," ili „Ako oživiš mrtvu osobu, vjerovaću." Ovakvi ljudi ne govore ovo sa nevinim srcem koje iskreno želi da vjeruje. Oni ovo govore jer sumnjaju.

Tako ova sklonost da se ne vjeruje u istinu, ili sklonost da se isključi ili sumnja u nekog što je bolje od njih samih, ili želja da se odbije bilo šta što se ne slaže sa njihovim mišljenjem ili pogledom, sve dolazi iz duhovno preljubničke prirode. Dok su odbijali da vjeruju, ljudi koji su zahtevali znak urotili su se i zategli su mrežu da bi kod Isusa upecali neku grešku—kako bi Njega prognali i osudili.

Što više samopravednosti, arogancije i sebičnosti ljudi imaju, to više ta generacija postaje preljubnička. Kako civilizacija postaje naprednija kao što je danas, to više ljudi traži da vidi znakove. Ipak, ima mnogo ljudi koji vide znakove, a koji i dalje ne vjeruju! Nije ni čudo što je ova vrste generacije prekorena jer je zla i preljubnička generacija!

Ako vi mrzite zlo, vi se nećete baviti zlom. Ako izmet dospe na vaše tijelo, vi ćete ga oprati. Grijeh i zlo, koji razlažu dušu i vuku je putem smrti, su još prljaviji, smrdljiviji i ružniji od izmeta. Mi ne možemo porediti prljavost grijehova sa izmetom.

Kakve tipove zla mi treba da mrzimo? U Jevanđelju po Mateju, poglavlje 23, Isus prekorijeva pisare i fariseje govoreći: „Teško vama..." On koristi izraz: „Teško vama," označavajući da oni neće primiti spasenje. A mi ćemo podijeliti razloge u sedam kategorija i proučiti ih detaljnije.

Oblici zla kojih treba da se gadimo

1. Zatvaranje vrata Nebesa kako drugi ljudi ne bi mogli da uđu

U Jevanđelju po Mateju 23:13, Isus je rekao: „Teško vama književnici i fariseji, licemjeri, što zatvarate carstvo nebesko od ljudi; jer vi ne ulazite niti date da ulaze koji bi htjeli."

Pisari i fariseji su znali i zabilježili su Božje Riječi i ponašali su se kao da drže Božju Riječ. Ali njihova srca su otvrdnula i oni su obavljali Božji posao površno—stoga su bili prekoreni. Iako su imali sve formalnosti i osvećenost, njihova srca su bila prepuna bezakonja i zla. Kada su vidjeli Isusa da izvodi čuda koja su ljudski nemoguća, umjesto da prepoznaju ko je On bio i da se raduju, oni su prizvali sve moguće zavjere da mu se suprotstave. Oni su takođe predvodili Njegovu smrt.

Ovo je istina za ljude u ovom dobu takođe. Ljudi koji tvrde

da vjeruju u Isusa Hrista, a ipak ne žive odgovarajućim modelom života spadaju u ovu kategoriju. Ako vi natjerate nekog da kaže: „Ja ne želim da vjerujem u Isusa zbog ljudi kao što si ti," onda ste vi osoba koja zatvara carstvo nebesko za ljude. Ne samo da nećete otići u Raj; već vi takođe onemogućavate i druge da uđu.

Ljudi koji tvrde da vjeruju uBoga, ali nastavljaju da prave kompromise sa svijetom su takođe oni koje je Isus prekorio. Ako u poretku crkve, osoba sa crkvenim zvanjem koja je na položaju da podučava, pokaže mržnju prema drugoj osobi, razbjesni se ili djela iz neposlušnosti, kako novi Hrišćanin može gledati na tu osobu i vjerovati mu, a kamoli ga poštovati? Oni će najvjerovatnije biti razočarani, a možda će i izgubiti vjeru. Ako među nevjernicima ima onih čije žene ili muževi pokušavaju da uvećaju svoju vjeru, a oni ih ili progone ili ih tjeraju da djelaju iz zla i učestvuju u grijehu, oni će takođe primiti prijekor: „Teško vama."

2. Kada bi prisvojili jednog, i kad ga prisvojite, činite ga sinom paklenim, udvoje većim od sebe

U Jevanđelju po Mateju 23:15, Isus govori: „Teško vama književnici i fariseji, licemjeri, što prohodite more i zemlju da bi prisvojili jednog, i kad ga prisvojite, činite ga sinom paklenim, udvoje većim od sebe."
Postoji stara izreka da će snaja kojoj je svekrva zadavala probleme, svojoj snaji zadavati još teže probleme. Ono što neko vidi i iskusi postaje ugrađeno u njenu memoriju i podsvjesno se

taj ponaša u skladu sa onim što je iskusio. Zbog toga je ono što naučite i od koga naučite veoma važno. Ako učite hrišćanski put od ljudi kao što su pisari i fariseji, onda ćete, kao slijepac koji vodi drugog slijepca, vi upasti u zlo zajedno sa njim.

Na primjer, ako vođa uvijek sudi i osuđuje druge, ogovara i govori negativno, vjernici koji uče od njega će takođe postati pokvareni od njegovih djela i zajedno će ići putem smrti. U društvu, djeca koja odrastaju u porodicama u kojima se roditelji stalno svađaju i mrze se, imaju veću šansu da odlutaju, nego ona djeca koja rastu u mirnim porodicama.

Zbog toga roditelji, učitelji i druge vođe moraju biti bolji primjeri, prije svih drugih. Ako riječi i djela ovih ljudi nisu primjereni, oni zaista mogu dovesti do posrnuća drugih. Čak i u crkvi, ima slučajeva kada sluga ili vođa nije dobar uzor, te oni dovedu do opstrukcije obnavljanja ili rasta njihove male grupe, odeljenja ili organizacije. Mi moramo shvatiti da ako ovo radimo, mi doprinosimo ne samo nama samima, već i drugima da postnu sinovi Pakla.

3. Iznošenje volje Božje na pogrešan način, zbog pohlepe i laži

U Jevanđelju po Mateju 23:16-22, Isus govori: „Teško vama vođe slijepe koji govorite: „Ako se ko kune crkvom ništa je; a ako se ko kune zlatom crkvenim kriv je." Budale slijepe! Šta je veće, ili zlato, ili crkva koja zlato osveti. I: „Ako se ko kune oltarom ništa je to, a koji se kune darom koji je na njemu kriv je." Budale slijepe, šta je veće, ili dar, ili oltar koji dar osveti? Koji se dakle kune oltarom, kune se njim i svim što je na njemu. I koji se kune crkvom, kune se njom i Onim što živi u njoj. I koji se kune nebom, kune se prijestolom Božjim i Onim koji sjedi na njemu."

Ova poruka ja prekor onima koji lažno podučavaju Božju volju zbog pohlepe, obmane i sebičnosti u njihovim srcima. Ako se neko zavjetuje ili obeća Bogu, učitelji bi trebalo da ga nauče da održi to obećanje, ali učitelji su podučavali ljude da to ostave na stranu i da održe obećanja samo u vezi novca ili materijalne imovine. Ako svještenik zapostavi podučavanje ljudi da žive u istini i potencira samo ponude, onda je on vođa koji je postao slijep.

Prije svega drugog, vođa mora da podučava ljude da se pokaju za svoje grijehe, da kultiviše Božju pravednost i stoga ulazak u carstvo nebesko. Zavjetovanje u hramu, Isus Hrist, oltar i Nebeski prijesto, sve je to isto, stoga se taj mora držati tog zavjeta.

4. A ostaviste šta je najpretežnije u Zakonu

U Jevanđelju po Mateju 23:23-24, Isus govori: „Teško vama književnici i fariseji, licemjeri! Što dajete desetak od metvice i od kopra i od kima, a ostaviste šta je najpretežnije u zakonu: pravdu i milost i vjeru; a ovo je trebalo činiti i ono ne ostavljati. Vođe slijepe koji ocjeđujete komarca a kamilu proždirete!"

Ososba koja istinski vjeruje u Boga će davati cijele desetke. Ako mi dajemo cijele destke, mi primamo blagoslove; ali ako ne dajemo mi pljačkamo Boga (Malahija 3:8-10). Da, pisari i fariseji su davali desetke; a Isus ih je prezirao jer su zanemarivali pravdu, milosrđe i poštenje. Šta onda znači zanemarivati pravdu, milosrđe i poštenje?

„Pravda" označava odbacivanje grijeha, život u skladu sa Božjom Riječju i povinovanje Njemu u vjeri. „Povinovati se" prema svjetovnim mjerilima znači poslušati i učiniti nešto što smo u stanju da učinimo. Ipak, u istini, „povinovati se" znači poslušati i učiniti one stvari za koje se čini da su nemoguće.

U Bibliji, proroci koji su bili priznati od Boga, povinovali su se Njegovoj Riječju sa vjerom. Oni su razdijelili Crveno More, uništili zid Jerihona i zaustavili tok rijeke Jordan. Da su oni ubacili ljudske misli u te situacije, ove stvari se nikada ne bi dogodile. Ali sa vjerom, oni su se povinovali Bogu i učinili ih mogućim.

„Milost" znači ispuniti cjelokupnu dužnost kao čovjek u svim oblastima života. Postoje osnovi morala i etike na ovom svijetu kojih se ljudi mogu pridržavati da bi ostali ljudska bića. Ipak, ovi standardi nisu savršeni. Iako se neko spolja čini kulturnim i prefinjenim, ako on ima zla u sebi, mi ne možemo reći da je on istinski prefinjen. Da bismo mi živjeli život koji je vrijedan, mi moramo ispuniti cjelokupnu dužnost čovjeka, a to je povinovanje Božjim zapovjestima (Knjiga Propovednika 12:13).

„Poštenje" takođe označava učestvovati u Božjoj božanskoj prirodi kroz vjeru (2. Petrova Poslanica 1:4). Božja svrha stvaranja Nebesa i zemlje, svih stvari u njima i čovječanstva jeste da se zadobiju djeca koja odražavaju Njegovo srce. Bog nam je rekao da budemo istina kao što je On isitna i da budemo savršeni, kao što je On savršen. Mi ne treba da imamo puki izgled osvećenosti. Samo onda kada odbacimo zlo iz naših srca i potpuno se povinujemo Njegovim zapovjestima, možemo zaista učestvovati u Božjoj božanskoj prirodi.

Ipak, pisari i fariseji Isusovog vremena zanemarili su pravdu, milosrđe i poštenje i usredsredili se jedno na ponude i žrtve. Bog je zadovoljniji pokajničkim srcem, nego žrtvama koje nude lažna srca (Psalmi 51:16-17). Ipak, oni su podučavali nešto što nije bilo u skladu sa Božjom voljom. Osoba koja podučava prvo treba da istakne ljudske grijehe, pomogne im da ubiraju plodove u skladu sa pokajnjem i da ih vodi miru sa Bogom. Nakon toga, treba da ih poduči o davanju desetka, formalnostima bogosluženja, molitvi itd., dok ne dostignu potpuno spasenje.

5. Čistite spolja čašu i zdjelu a iznutra su pune grabeža i nepravde

U Jevanđelju po Mateju 23:25-26, Isus je rekao: „Teško vama književnici i fariseji, licemjeri! Što čistite spolja čašu i zdjelu a iznutra su pune grabeža i nepravde. Fariseju slijepi, očisti najprije iznutra čašu i zdjelu da budu i spolja čiste."

Ako pogledate u providnu čašu od kristala, ona je vrlo čista i lijepa. Ipak, u zavisnosti od toga šta u nju stavite, ona može još ljepše zasjati ili postati ukaljana. Ako je napunjena prljavom vodom, postaće samo prljava čaša. Na isti način, čak i ako se neko od spolja čini da je dobra osoba od Boga, ako je njegovo srce zlo, Bog koji vidi srce, vidjeće i prljavštinu iznutra i smatraće ga ukaljanim.

U međuljudskim odnosima takođe, bez obzira na to koliko je neko čist, dobro obučen i kultran od spolja, ako mi otkrijemo da su oni puni mržnje, zavisti, ljubomore i svih vrsta zla, mi osjećamo nečistotu i sramotu. Onda, kako bi se Bog, koji je pravedan i istina sam po sebi, osjećao kada vidi ljude kao što su ovi? Zbog toga mi moramo odražavati nas u Božjoj Riječi i pokajati se zbog sveg razvarata i pohlepe i težiti da dostignemo čisto srce. Ako mi delamo u skladu sa Božjom Riječju i nastavimo da odbacujemo grijehe, naša srca će postati čista, te će i naš spoljni izgled prirodno postati čist i osvećen.

6. Što ste kao okrečeni grobovi

U Jevanđelju po Mateju 23:27-28, Isus govori: „Teško vama književnici i fariseji, licemjeri! Što ste kao okrečeni grobovi, koji se spolja vide ljepi a unutra su puni kostiju mrtvačkih i svake nečistote. Tako i vi spolja se pokazujete ljudima pravedni, a iznutra ste puni licemjerja i bezakonja."

Bez obzira na to koliko novca potrošili da uljepšate grob, konačno, šta je u njemu? Leš koji se raspada i koji će se uskoro pretvoriti u šaku prašine! Zbog toga okrečeni grob označava licemjere koji su zaglađeni spolja. Oni izgledaju dobro, blago i zdravo od spolja, savjetuju i kore druge, dok su iznutra u stvari puni mržnje, zavisti, ljubomore, preljubništva itd.

Ako mi priznamo da vjerujemo u Boga, a u našim srcima zadržimo mržnju i osuđujemo druge, onda mi vidimo trun u oku drugih ljudi, a ne vidimo brvno u našim očima. Ovo sa naziva licemjerjem. Ovo se takođe može primjeniti na nevjernike. Imati srce koje naginje izdaji muža ili žene, zapostavljanje djece ili nepoštovanje roditelja dok se ismijava isitna i kritikuju drugi je takođe djelo licemjerja.

7. Smatrati sebe pravednim

U Jevanđelju po Mateju 23:29-33, Isus govori: „Teško vama književnici i fariseji, licemjeri! Što zidate grobove prorocima i krasite rake pravednika, i govorite: „Da smo mi bili u vrijeme svojih otaca, ne bismo s njima pristali u krv proroka." Tim samo svedočite za sebe da ste sinovi onih koji su pobili proroke. I vi dopunite mjeru otaca svojih. Zmije, porodi aspidini, kako ćete pobjeći od presude u oganj pakleni?"

Licemjerni pisari i fariseji gradili su grobnice prorocima i ukrašavali su spomenike pravednika i rekli su: „Da smo mi bili u vrijeme svojih otaca, ne bismo s njima pristali u krv proroka." Ipak, ovo priznanje je istinito. Ne samo da ovi pisari i fariseji nisu prepoznali Isusa, koji je došao kao Spasitelj, oni su ga i odbili i na kraju Ga zakucali za krst i ubili Njega. Kako oni mogu nazvati sebe pravednijima od njihovih predaka?

Isus je prezirao ove licemjerne vođe govoreći im: „I vi dopunite mjeru otaca svojih." Kada neko zgriješi, ako on ima i malo savjesti, on će osjećati krivicu i prestaće da griješi. Ali ima i ljudi koji se ne okrenu od svojih zlih djela do gorkog kraja. Ovo je Isus mislio kada je rekao „dopunite mjeru." Oni su postali djeca davola, porodi aspidini i djelali su sa još više zla.

Isto tako, ako neko čuje istinu i osjeća grižu savjesti, a smatra se za pravednika i odbije da se pokaje, onda se on ne razlikuje od nekoga koji ispunjava mjerilo krivice koju je njegov predak počinio. Isus je rekao, da ako se ovi ljudi ne pokaju i ne ubiraju plod u skladu sa pokajanjem, onda oni ne mogu pobjeći od presude Pakla.

Zbog toga mi moramo odražavati nas same u kazni koju je Isus dao pisarima i farisejima i vidjeti da li se nešto odnosi na nas i brzo odbaciti takve stvari. Ja se nadam da ćeš ti čitaoče biti pravedna osoba koja mrzi zlo i koja se drži onog što je dobro, te time davati slavu Bogu i uživati u blagoslovenom životu—koliko god ti srce želi!

Riječnik i dalje pojašnjenje

Šta je „ljudska kultivacija?"
„Kultivacija" je proces kada seljak sije sjeme, brine se o njemu i tako ubire plodove. Da bi dobio Njegovu istinsku djecu, Bog je posadio Adama i Evu na ovaj svijet kao prve plodove. Nakon pada Adama, čovječanstvo je postalo grešno, a nakon primanja Isusa Hrista i uz pomoć Svetog Duha, oni su mogli da povrate istinsku sliku o Bogu koja je nekada bila u njima. Tako se čitav proces stvaranja čovjeka od strane Boga i posmatranje cjelokupne istorije čovječanstva do poslednjeg suda naziva „ljudska kultivacija."

Razlika između „tijela," „mesa" i „stvari od mesa"
Normalno, kada se misli na ljudsko tijelo, mi koristimo izraze „tijelo" i „meso" naizmenično. Ipak, u Bibliji svaka od ovih riječi ima posebno duhovno značenje. Nekada se izraz „meso" prosto koristi da označi ljudsko tijelo, ali duhovno se to odnosi na stvari koje se raspadaju, mijenjaju se, koje su štetne ili prljave.
Prvi čovjek Adam, bio je živi duh inije imao nikakav grijeh. Ipak, nakon iskušavanja Sotone da pojede voće znanja o dobroti i o zlu, on je morao da iskusi smrt, jer je kazna za grijeh smrt (Postanak 2:17; Poslanica Rimljanima 6:23). Bog je posadio znanje života, istine u čovjeka prilikom njegovog stvaranja. Oblik ili forma čovjeka bez ove istine, koja je iscurila nakon što je Adam zgriješio, odnosi si se na „tijelo." A grešna priroda u kombinaciji u ovom tijelu se odnosi na „meso." Ovo meso nema vidljivu formu, već je to grešna priroda koja može biti izazvana da se ispolji bilo kada.

Zemljište u ljudskom srcu
Biblija kategoriše srce čovjeka u različite tipove tla: tlo pored puta, stenovito tlo, trnovito tlo i dobro tlo (Jevanđelje po Marku, poglavlje 4).

Tlo pored puta označava tvrdo i žuljevito srce. Čak i ako se sjeme Božje Riječi posadi u ovu vrstu srca, sjeme ne može proklijati i ne može roditi plod; zbog toga osoba ne može primiti spasenje.

Stenovito tlo označava osobu koja razumije Božju Riječ glavom, ali ne može vjerovati svojim srcem. Dok sluša Riječ, on se može obavezati da primjeni naučeno, ali kada naiđu teškoće, on ne može zadržati svoju vjeru.

Trnovito tlo se odnosi na srce osobe koja sluša, razumije i primjenjuje Božju Riječ u svom životu, ali ne može savladati iskušenja ovog svijeta. Njega mame brige ovog svijeta, pohlepa i tjelesne želje, te iskušenja i nevolje slijede, a on ne može duhovno rasti.
Dobro tlo označava srce osobe koje, kada Božja Riječ padne na njega, Riječ rađa 30, 60, 100 puta, te Božji blagoslovi i odgovori uvijek slijede.

Uloga Sotone i đavola

Sotona je biće koje ima moć tame, koja tjera ljude da čine zla djela. Ona nema specifičnu formu. Ona konstantno širi svoje tamno srce, misli i moć da čini zlo u vazduhu kao radio-talasi. A kada lažljivost unutar čovjeka uhvati njegovu frekvenciju, ona koristi misli tog čovjeka da ulije njene tamne moći u njega. Ovo nazivamo „primanje djela Sotone" ili „slušanje glasa Sotone."

Đavo je dio palih anđela koji su pali zajedno sa Luciferom. Oni su obučeni u crno i on ima lice, ruke i noge kao neka osoba ili anđeo. On dobija naredbe od Sotone i kontroliše i izdaje naredbe nebrojenom broju demona da bi ljudima donio bolest i da bi ih natjerao da griješe i da padnu u zlo.

Karakteristike posude i karakteristike srca

Na ljude se gleda kao na „posude." Karakter posude osobe zavisi od toga koliko dobro ona sluša Božju Riječ i upisuje je u svoje srce i koliko dobro to sprovodi u djelo sa vjerom. Karakter posude ima veze sa materijalom od koga je napravljena. Ako neko ima dobar karakter posude, on može postati osvećen vrlo brzo, i on može ispoljiti duhovne moći u većem obimu. Da bi se kultivisao dobar karakter posude, taj treba da odgovarajuće sluša Riječ i da je upiše u centar svog srca. Koliko marljivo taj izvršava naučeno, to određuje nečiji karakter posude.

Karakter srca zavisi od toga sa kojom se širinom to srce koristi, kao i od veličine posude. Ima slučajeva kada se 1) kapacitet prevazilazi, 2) kapacitet ispunjava, 3) škrto jedva ispunjava kapacitet i 4) slučaj kad je bolje za nekog da uopšte ne započinje takav posao zbog svog zla koje taj čini. Ako je karakter nečijeg srca mali ili nedostaje, on ili ona moraju da rade na transformaciji u šire, veće srce.

Pravednost prema Bogu

Prvi nivo pravednosti je odbacivanje grijeha. Na ovom nivou, osoba je pravedna prihvatanjem Isusa Hrista i primanjem Svetog Duha. Onda, ona otkriva svoje grijehe i marljivo se moli da odbaci ove grijehe. Bog je zadovoljan ovim činom i odgovara na molitve ove osobe i blagosilja je.

Drugi nivo pravednosti je održavanje Riječi. Nakon što neko odbaci grijehe, on može biti ispunjen Božjom Riječju i on je u mogućnosti da se povinuje. Na primjer, ako je on čuo poruku da ne mrzi nikoga, on odbacuje mržnju i teži ljubavi prema svima. Na ovaj način se on povinuje Božjoj Riječi. U to vrijeme, on prima blagoslove zdravlja u svakom trenutku i na svaku molitvu koju uznese se odgovara.

Treći nivo pravednosti je udovoljiti Bogu. Na ovom nivou ne samo da neko odbacuje grijeh, već i djela u skladu sa Božjom voljom u svakom trenutku. I on posvećuje svoj život da ispuni svoj poziv. Ako neko dostigne ovaj nivo, Bog odgovara i na najmanje želje koje on ima u srcu.

O pravednosti

„... a za pravdu što idem k Ocu svom;
i više me nećete vidjeti;"
(Jevanđelje po Jovanu 16:10)

❧

*„I povjerova Avram GOSPODU, a On mu primi to u pravdu."
(Postanak 15:6)*

„Jer vam kažem da ako ne bude veća pravda vaša nego književnika i fariseja, nećete ući u carstvo nebesko." (Jevanđelje po Mateju 5:20).

„A sad se bez zakona javi pravda Božija, posvjedočena od zakona i od proroka; a pravda Božja vjerom Isusa Hrista u sve i na sve koji vjeruju; jer nema razlike;" (Poslanica Rimljanima 3:21-22).

„... Napunjeni plodova pravde kroz Isusa Hrista, na slavu i hvalu Božju." (Poslanica Filipljanima 1:11).

„... dalje, dakle, meni je pripravljen vijenac pravde, koji će mi dati Gospod u dan onaj, pravedni sudija; ali ne samo meni, nego svima koji se raduju Njegovom dolasku." (2. Timotejeva Poslanica 4:8).

„... i izvrši se pismo koje govori: „Avraam vjerova Bogu, i primi mu se u pravdu," i prijatelj Božji nazva se." (Jakovljeva Poslanica 2:23).

„Po tome se poznaju deca Božija i deca đavolja: koji god ne tvori pravde, nije od Boga, i koji ne ljubi brata svog." (1. Jovanova Poslanica 3:10).

Poglavlje 6

Pravednost koja vodi ka životu

---

*„Zato, dakle, kao što za grijeh jednog
dođe osuđenje na sve ljude, tako i pravdom
jednog dođe na sve
ljude opravdanje života."*
(Poslanici Rimljanima 5:18-19)

Ja sam sreo živog Boga poslije sedam godina dok sam bio prikovan za krevet zbog bolesti. Ne samo da sam primio iscjeljenje od svih mojih bolesti kroz vatru Svetog Duha, već nakon što sam se pokajao zbog grijehova, ja sam takođe primio vječni život koji će mi dozvoliti da živim zauvijek na Nebesima. Bio sam toliko zahvalan za Božju milost da od kako sam počeo da idem u crkvu, prestao sam da pijem i prestao sam da služim druge sa alkoholnim pićima.

Postojalo je jednom vrijeme kada je jedan od mojih rođaka ismijavao crkve. Bez mogućnosti da se suzdržim, ja sam ljutito rekao: „Zašto govoriš loše o Bogu i zašto negativno govoriš o crkvi i pastoru?" Kao beba hrišćanin, ja sam mislio da su moja djela bila opravdana. Tek kasnije ja sam shvatio da moja djela nisu bila ispravna. Pravednost kako sam ja vidio je pruzelo vođstvo u pravednosti u Božjim očima. To je vodilo do svađe i rasprave.

U ovoj vrsti situacije, šta je bilo pravedno po Bogu? To je pokušaj razumijevanja druge osobe sa ljubavlju. Ako vi samo razmotrite činjenicu da su oni činili tako zato što nisu znali za Gospoda Boga, onda neće postojati razlog da postanete uznemireni zbog njih. Prava pravednost je moliti se za njih sa ljubavlju i tražiti mudar način da se oni evangelizuju i voditi ih ka tome da postanu dijete Božje.

Pravednost prema Bogu

Izlazak 15:26 kaže: „Ako dobro uzaslušaš glas GOSPODA Boga svog, i učiniš što je pravo u očima Njegovim..." Ovaj stih nam govori o činjenici da se pravednost iz ljudskog pogleda i pravednost iz Božjeg pogleda jasno razlikuju.

U našem svijetu, osveta se često smatra kao djelo pravednosti. Međutim, Bog nam govori da voljeti sve ljude i voljeti čak i neprijatelje, jeste pravednost. Također, svijet smatra pravednim kada se neko bori da bi ispunili ono što misle da je prava stvar, čak i na ušrb toga da se razruši mir sa drugim ljudima. Ali Bog ne smatra osobu pravednom kada razruši mir sa drugima samo zbog toga što misli da je u pravu u njegovim mislima.

Takođe, na ovom svijetu, bez obzira koliko zla imate u vašem srcu kao što su mržnja, razdor, ljutnja, ljubomora, bies i sebičnost, sve dok ne razbijete zakone zemlje i ne počinite ni jedan grijeh u vašim djelima, niko vas neće nazvati pravednim. Međutim, čak iako ne počinite grijehove u vašim djelima, ako imate zlo u vašem srcu, Bog vas naziva nepravednom osobom. Ljudski koncept pravednosti i nepravednosti varira među različitim osobama, mjestima i generacijama. Prema tome, kako bi mi postavili prave standarde za pravednost i nepravednost, mi moramo da postavimo standard prema Bogu. Ono što Bog naziva pravednošću to i jeste pravednost.

Onda, šta je Isus učinio? Poslanica Rimljanima 5:18-19 kaže: „Zato, dakle, kao što za grijeh jednog dođe osuđenje na sve ljude, tako i pravdom jednog dođe na sve ljude opravdanje života." Ovdje „grijeh jednog" je grijeh Adama, oca čovječanstva a „pravda jednog" je povinovanje Isusu, Sinu Božjem. On je ispunio pravedno djelo tako što je poveo mnoge ljude ka životu. Hajde da detaljnije prostudiramo šta je pravednost, koja vodi ljude ka životu.

Jedno djelo pravednosti koje spašava cijelo čovječanstvo

U Postanku 2:7, mi čitamo da je Bog stvorio prvog čovjeka Adama, po Njegovom liku. Onda je On udahnuo dah života u njegove nozdrve i načinio ga živim duhom. Baš kao i kod novorođenčeta, ni kod njega ništa nije bilo registrovano. On je bio svjež, novi početak. Baš kao i beba koja raste i počinje da prikuplja i korsiti znanje kroz ono što vidi i čuje, on je bio učen od Boga o harmoniji u cijelom univerzumu, o zakonima duhovnog kraljevstva i riječima istine.

Bog je naučio Adama svemu što je bilo potrebno da zna kako bi živio kao gospodar svih stvorenja. Ali postojala je samo jedna stvar koju je Bog zabranio. Adam je slobodno mogao da jede sa drveća u Edemskom vrtu osim sa drveta spoznaje dobra i zla.

Bog je dao Adamu čvrsto upozorenje da na dan kada bude jeo sa njega zasighurno će umrijeti (Postanak 2:16-17).

Međutim, nakon što je prošlo mnogo vremena on nije uspio da ureže ove riječi i upao je u zamku zmije otrovnice i jeo je zabranjen plod. kao rezultat, njegova komunikacija sa Bogom je bila prekinuta i kao što je Bog rekao: „Umrijećeš," Adamov duh koji je bio živi duh, umro je. Zato što se on nije povinovao Božjoj Riječi već je slušao riječi neprijatelja đavola, on je postao dijete đavola.

1. Jovanova Poslanica 3:8 govori: „Koji tvori grijeh od đavola je, jer đavo griješi od početka." Jevanđelje po Jovanu 8:44 kaže: „Vaš je otac đavo; i slasti oca svog hoćete da činite. On je krvnik ljudski od početka, i ne stoji na istini; jer nema istine u njemu. Kad govori laž, svoje govori: jer je laža i otac laži."

Ako je Adam jedan koji se nije povinovao i zgriješio, zašto su onda njegovi potpmci takođe griješnici? Dijete sve nasleđuje od svojih roditelja, naročito njihov izgled. Ali njegova ličnost i čak i način na koji hoda takođe nasljeđuje od njegovih roditelja. Ovo je zato što dijete nasljeđuje ono što je poznato za njegove roditelje „chi" (či), ili „duh" ili „životna sila," a baš kao što se životna sila prenosi na djiete, grešna priroda roditelja je takođe prenesena (Psalmi 51:5). Novorođenče niko nije naučio da plače i da galami, ono to samo po sebi radi. Ovo je zato što je griješna priroda sadržana u životnoj sili koja je bila prenešena sa generacije na generaciju sve od Adama.

Pored prvobitnog grijeha koji je čovjek naslijedio, on takođe nastavlja da čini grijehove sam po sebi tako da njegovo srce postaje sve više i više umrljano grijehovima. Onda on počinje da to prenosi na njegovu djecu. Kako vrijeme prolazi svijet postaje preplavljen grijehom. Kako onda može čovjek, koji je postao djete đavola, da obnovi njegov odnos sa Bogom?

Bog je od početka znao da će čovjek zgriješiti. Prema tome, On je pripremio Njegovo proviđenje spasenja i čuvao ga skrivenim. Spasenje čovječanstva kroz Isusa Hrista je tajna koja je bila skrivena još od početka vremena. Tako da Isus Hrist, koji je bio čist i bez mana, preuzeo je na Sebe kletvu i visio je na krstu da bi otvorio put spasenja za čovječanstvo koje je bilo osuđeno na smrt. Kroz ovo djelo pravednosti Isusa Hrista, mnogi ljudi koji su nekada bili griješnici, bili su oslobođeni od smrti i stekli su život.

Početak pravednosti je vjerovanje u Boga

„Pravdnost" je biti u skladu sa vrlinom ili moralnošću. Međutim, „pravednost" u skladu sa Bogom je povinovati se sa vjerom bez straha za Njega, odbacivanje grijeha i držanje Njegovih zapovjesti (Knjiga Propovednika 12:13). Iznad svega, Biblija naziva sam čin nevjerovanja u Boga, grijehom (Jevanđelje po Jovanu 16:9). Prema tome, jednostavano djelo vjerovanja u Boga je djelo pravednosti i to je prvi uslov koji neko treba da ispuni da bi postao pravedna osoba.

Kako mi možemo da nazivamo osobu pravom ili podesnom ako je ta osoba zanemarila ili izdala njegove roditelje koji su je rodili? Ljudi će pokazivati prstom na njega i nazivaće ga grješnikom koji nema obzira prema humanosti. Slično tome, ako osoba neće da vjeruje u Boga Stvoritelja koji nas je stvorio, ako neće da Njega naziva Ocem, i povrh toga, ako služi neprijatelju đavolu-koga Bog najviše mrzi-onda ovo postaje težak grijeh.

Prema tome, da bi postali pravedna osoba, prvo i osnovno,

vi morate da vjerujete u Boga. Baš kao što je Isus imao potpunui vjeru u Boga i pridržavao se Njegove svake riječi, mi takođe moramo da imamo vjeru i Njega i pridržavamo se Njegovih riječi. Imati vjeru u Boga znači vjerovati u činjenicu da je Bog Gospodar svih stvorenja koji je stvorio cio univezum za nas i koji ima jedinstvenu kontrolu nad životom i smrti čovječanstva. To je takođe vjerovanje u činjenicu da Bog sam postoji, da je On prvi i poslednji, početak i kraj. To je vjerovanje da je On poslednji sudija koji je pripremio Nebesa i Pakao i koji će suditi svakoj osobi sa pravdom. Bog je poslao Njegovog jedinorodnog Sina Isusa Hrista na ovaj svijet da bi otvorio put spasenja za nas. Prema tome, vjerovanje u Isusa Hrista i primanje spasenja jeste, u nekom smislu, vjerovanje u Boga.

Stoga, postoji nešto što Bog traži od sve Njegove djece koji ulaze kroz vrata spasenja. Na ovom svijetu, građani određene zemlje moraju da poštuju zakone te zemlje. Na isti način, ako ste postali građanin Nebesa, vi treba da poštujete zakone nebesa što je Božja Riječ, koja je Istina. Na primjer, pošto Izlazak 20:8 kaže: „Sjećaj se dana od odmora da ga svjetkuješ," vi bi trebali da se povinujete Božjoj Riječi i načinite je prioritetom održavajući cio Sabat i ne kompromitujući se sa svijetom. Mi treba da ovo učinimo zato što Bog smatra ovu vrstu vjere i povinovanja kao pravednost.

Kroz Isusa Hrista, Bog nas je prosvijetlio o zakonu pravednosti koji nas vodi ka životu. Ako mi poštuijemo ovaj zakon, mi postajemo pravedni, mi ćemo moći da uđemo na Nebesa i moći ćemo da primimo Božju ljubav i blagoslove.

Pravednost Isusa Hrista koju moramo da imitiramo

Čak i Isus, koji je Sin Božji, ispunio je pravednost potpunim poštovanjem Božjih zakona. Iznad svega ostalog, dok je On bio na ovoj zemlji, On nikada nije pokazivao čak ni naznake zla. Zbog toga što je bio začet od Svetog Duha, On nije imao prvobitan grijeh. A, pošto on nije imao misli ili bilo koje zlo, On nije čak ni počinio grijeh.

Većinu vremena, ljudi pokazuju zla djela zato što imaju protivzakonite misli. Osoba koja ima pohlepu će najprije misliti: „Kako da steknem bogatstvo? Kako da oduzmem toj osobi imovinu i prisvojim je?" Onda će osoba posaditi ove misli u njegovom srcu. A kada se njegovo srce uznemiri, on će vjerovatno činiti zla djela. Zato što ima pohlepu u srcu, on pada u iskušenje od strane Sotone zbog njegovoh misli; i kada prihvati ovo iskušenje, on će završiti tako što će činiti zla djela kao što su prevara, novčana malverzacija i krađa.

Jov 15:35 kaže: „Začinju nevolju i rađaju muku, i trbuh njihov sastavlja prevaru." A u Postanku 6:5 koje govori da prije Božje osude svijeta kroz poplavu, ljudsko zlo je bilo veliko na zemlji i da je svaka namjera misli srca čovjeka bila stalno zlobna. Zato što je srce zlobno, misao je takođe zlobna. Međutim, ako ne postoji zlo u našim srcima, Sotona ne može da čini kroz naše misli i da nas iskušava. Baš kao što je zapisano da stvari koje potiču iz ustiju dolaze iz srca (Jevanđelje po Mateju 15:18), ako srce nije zlobno, ne postoji prilika da zle misli ili djela izađu iz njega.

Isus, koji nije imao niti prvobitan grijeh niti samopočinjen grijeh, imao je srce koje je samo po sebi bilo sveto. Prema tome, sva Njegova djela su uvijek bila dobra. Zato što je Njegovo srce bilo pravedno, On je imao samo pravedne misli i On je činio samo pravedna djela. Da bi mi postali pravedni ljudi, mi moramo da zaštitimo naše misli odbacujući zlo u našim srcima i tada će naša djela biti takođe zdrava.

Ako se mi povinujemo i uradimo tačno kako Biblija govori: „Čini, ne čini i odbaci," srce Boga, ili istina, će boraviti u našim srcima da ne bi griješili sa našim mislima. I naša djela će takođe postati zdrava dok primamo vođstvo i usmjeravanje od Svetog Duha. Bog govori: „održavaj nedjelju svetom," tako da mi održavamo nedjelju svetom. On kaže: „moli se, voli i širi jevanđelje," tako da se mi molimo, volimo i širimo jevanđelje. On kaže da ne klademo i da ne počinimo preljubu, tako da mi ne radimo ove stvari.

I pošto nam je On rekao da odbacimo čak i oblike zla, mi nastavljamo da odbacujemo neistinu kao što je ljubomora, ljutnja, mržnja, preljuba, prevara i tako dalje. A ako se pridržavamo Božje Riječi, onda će neistina u našim srcima nestati i ostaće samo istina. Ako iščupamo gorke korene grijeha iz našeg srca, grijeh više neće moći da uđe u naša srca kroz naše misli. Prema tome, bilo šta da vidimo, mi gledamo na to sa dobrotom, a bilo šta da želimo da kažemo i učinimo, to će biti učinjeno sa dobrotom koja dolazi iz našeg srca.

Poslovice 4:23 govore: „Svrh svega što se čuva čuvaj srce svoje, jer iz njega izlazi život." pravednost koja vodi ka životu, ili ka izvoru života, potiče iz zaštićenog srca. Kako bi mi dobili život mi moramo da održavamo pravednost, naime istinu, u našem srcu i prdržavmo je se. Zbog toga je toliko važno zaštititi nečije misli i srce.

Ali zato što postoji toliko mnogo zla u nama, mi ne možemo

odbaciti sve sa našom sopstvenom snagom. Pored naših napora da odbacimo grijeh, nama je takođe potrebna pomoć Svetog Duha. Zbog toga nam je potrebna molitva. Kada se molimo sa revnosnim molitvama, Božja milost i moć dolazi nad nama i mi postajemo ispunjeni Svetim Duhom. Tek tada mi možemo da odbacimo ove grijehove!

Jakovljeva Poslanica 3:17 kaže: „A koja je premudrost odozgo ona je najprije čista..." Ovo znači da kada mi odbacimo grijehove iz našeg srca i fokusiramo se samo na pravednost, onda će mudrost odozgo doći nad nama. Međutim ma koliko da je velika mudrost svijeta, ona nikada ne može da se uporedi sa mudrošću koja od gore dolazi. Mudrost ovog svijeta potiče od čovjeka, koji je ograničen i koji ne može čak ni da predvidi vrijedne sekunde o onome što će doći. Međutim, mudrost koja potiče od gore, poslata je od Svemogućeg Boga, tako da mi čak možemo i da znamo o stvarima koje će doći u budućnosti i za njih se pripremimo.

U Jevanđelju po Luki 2:40 kaže se da je Isus „rastao i postajao jači, rastao u mudrosti." Zapisano je da je u vrijeme kada je On imao dvanaest godina, On bio toliko mudar da su čak i Rabini koji su imali čvrsto znanje o Zakonu bili oduševljeni Njegovom mudrošću. Zato što su Isusove misli bile fokusirane samo na pravednost, On je primio mudrost od gore.

1. Petrova Poslanica 2:22-23 kaže: „...koji [Isus] grijeha ne učini, niti se nađe prevara u ustima Njegovim; koji ne psova kad Ga psovaše; ne prijeti kad strada; nego se oslanjaše na Onog koji pravo sudi..." Kroz ovaj stih mi možemo vidjeti Isusovo srce. Takođe u Jevanđelju po Jovanu 4:34, kada su učenici donijeli

hranu, Isus rekao: „Jelo je Moje da izvršim volju Onog koji Me je poslao, i da svršim Njegov posao." Zato što su Isusovo srce i misli bili samo fokusirani na pravednost, Njegova djela su uvijek bila zdrava.

Isus nije bio vjeran dok je činio Božja djela; On je bio vjeran u „cijeloj Božjoj kući." Čak i dok je umirao na krstu, On je povjerio Jovanu djevicu Mariju, da bi se uvjerio da je njoj stalo. Tako da, Isus je u potpunosti ispunio Njegovu svetovnu dužnost, dok je propovjedao jevanđelje o nebeskom kraljevstvu i iscjeljivao bolesne sa Božjom moći. On je na kraju završio Njegovu misliju za dolazak na ovu zemlju preuzimajući krst da bi poveo brigu o ljudskim grijehovima i slabostima. Tako je On postao Spasitelj čovječanstva, Kralj kraljeva i Gospodar gospodara.

Način na koji se postaje pravedna osoba

Onda, kao djeca Božja šta mi treba da uradimo? Mi treba da postanemo pravedni ljudi pridržavajući se Božjih zakona kroz naša djela. Pošto je Isus postao vrhovni model za nas održavajući i pridržavajući se Božjih zakona, mi trena na isti način da pratimo Njegov primjer.

Praktikovanje Božjih zakona znači održavati Njegove zapovijesti i biti bez mane u odnosu na Njegov zakon. Deset Zapovijesti će biti pravi primjer Božjih zapovijesti. Zapovjesti mogu da se smatraju kao sve Božje zapovjesti ukratkim crtama sadržane u 66 knjiga Biblije. Svaka od Deset Zapovijesti ima u sebi duboko duhovno značenje. Kada mi razumijemo pravo značenje svakoga i njega se pridržavamo, Bog nas naziva pravednim.

Isus je rekao da postoji velika i najistaknutija zapovjest. To je voljeti Boga svim svojim srcem, dušom i mislima. Druga je voljeti naše komšije kao nas same (Jevanđelje po mateju 22:37-39).

Isus se pridržavao i praktikovao je sve ove zapovijesti. On se nikada nije svađao ili vikao. Isus se molio neprestano, bilo da je rano ili kasno. On se takođe pridržavao svih zakona. „Zakoni" se odnose na pravila koje je Bog postavio za nas, kao što su Pasha ili davanje desetka. Postoji zapis kada je Isus išao u Jerusalim da bi održao Pashu, baš kao i svi Jevreji.

Hrišćani, koji su duhovni Jevreji, nastavili su da čuvaju i poštuju duhovno značenje jevrejskih rituala. Hrišćani obrezuju njihova srca kao što se radilo i fizičko obrezivanje u vremenima Starog Zavjeta. Oni služe u duhu i istini u službama bogosluženja, održavaju duhovno značenje u davanju žrtve paljenice Bogu u Starom Zavjetu. Kada mi održavamo Božje zakone i praktikujemo ih, mi možemo da primimo iskren život i postanemo pravedni. Gospod je prevazišao smrt i vaskrsao je; prema tome mi takođe možemo da uživamo u vječnom životu koje dolazi ispred vaskrsenja pravednosi.

Blagosovi za pravedne

Sukobi, neprijateljstva i bolesti dolaze zato što ljudi nisu pravedni. Bezakonje dolazi zato što je neko nepravedan a onda dolazi bol i patnja. Ovo je zato što su ljudi primili djela đavola, oca grijehova. Da ne postoji bezakonje i nepravednost, ne bi postojale ni katastrofe, patnje, ili nevolje, a ovaj svijet bi zaista bio prelijepo mjesto. Šta više, ako ste postali pravedna osoba u Božjim očima, vi ćete primiti velike blagoslove od Njega. Vi možete da postanete izuzetna i blagoslovena osoba.

Knjiga Ponovljenog Zakona 28:1-6, govori o tome do detalja:

„Ako dobro uzaslušaš glas GOSPODA Boga svog držeći i tvoreći sve zapovjesti Njegove, koje ti ja danas zapovjedam, uzvisiće te GOSPOD Bog tvoj više svih naroda na zemlji. I doći će na te svi ovi blagoslovi, i steći će ti se, ako uzaslušaš glas GOSPODA Boga svog: Blagosloven ćeš biti u gradu, i blagosloven ćeš biti u polju. Blagosloven će biti plod utrobe tvoje, i plod zemlje tvoje i plod stoke tvoje, mlad goveda tvojih i stada ovaca tvojih. Blagoslovena će biti kotarica tvoja i naćve tvoje. Blagosloven ćeš biti kad dolaziš i blagosloven ćeš biti kad polaziš."

Takođe, u Izlasku 15:26, Bog je obećao da ako mi činimo što je dobro u Njegovim očima, On nam neće nanijeti bolesti koje je nanio Egipćanima. Prema tome, ako mi činimo ono što je pravedno u Božjim očima, onda ćemo mi biti zdravi. Mi ćemo napredovati u svim oblastima u našim životima i iskusićemo vječnu radost i blagoslove.

Do sada mi smo pogledali šta je pravednost u Božjim očima. Sada, čineći u skladu sa Božjim zakonima i odredbama bez mana, i živeti pravedno po Božjem pogledu, ja se nadam da ćete iskusiti Božju ljubav i blagoslove do potpune mjere!

Riječnik

Vjera i pravednost

Postoje dve vrste vjere: „duhovna vjera" i „tjelesna vjera." Imati „tjelesnu vjeru" je imati mogućnost vjerovanja u stvari koje se poklapaju sa nečijim znanjem i mislima. Ova vrsta vjere je vjera bez djela; prema tome to je mrtva vjera koju Bog ne prepoznaje. Imati „duhovnu vjeru" je imati mogućnost vjerovanja u sve što potiče od Riječi Božje, iako se to čak i ne poklapa sa nečijim znanjem ili mislima. Sa ovom vrstom vjere, osoba čini u skladu sa Božjom Riječju.

Jedan može da ima samo ovu vrstu vjere ako mu ga Bog da a svaka osoba ima različitu mjeru vjere (Poslanica Rimljanima 12:3). U velikoj mjeri, vjera može da bude svrstana od prvog nivoa pa do petog: u prvom nivou vjere, jedan ima vjeru da primi spasenje, na drugom nivou, jedan pokušava da čini po Božjoj Riječi, u trećem nivou, jedan može u potpunosti da čini u skladu sa Riječju, u četvrtom nivou, jedan je postao posvećen odbacujući grijehove, i voli do najveće mjere Gospoda, a na petom niovu, jedan ima vjeru koja donosi u potpunosti radost Bogu.

„Pravednost" se odnosi na osobe koje jesu pravedne.

Kada mi prihvatimo Isusa Hrista i kada nam je oprošteno od grijehova kroz Njegovu dragocijenu krv, mi smo opravdani. Ovo znači da smo opravdani sa našom vjerom. Sada mi možemo da odbacimo zlo-ili neistinu-iz našeg srca i borimo se da činimo u istini, u skladu sa Božjom Riječju, mi možemo da se preobratimo u iskrene, pravedne ljude, koji su prepoznati od Boga kao pravedni. Bog ima veliku radost od ovakvih pravednih ljudi i On odogovara na njihovu svaku molitvu (Jakovljeva Poslanica 5.16).

Poglavlje 7

De Rettferdige Skal Leve Ifølge Troen

*Navedeno je u Poslanici Rimljanima 1:17:
„Jer se u Njemu javlja pravda Božja iz vjere
u vjeru, kao što je napisano: „Pravednik će
od vjere živ biti.""*
(Poslanica Rimljanima 1:17)

Kada neko učini dobro djelo za siroče, udovicu ili za komšiju kome je pomoć neophodna, ljudi će više nego obično reći da je ta osoba pravedan čovjek ili žena. Ako neko izgleda nježan i ljubazan, poštuje zakone, ne ljuti se olako i u tišini je strpljiv, ljudi će davati komplimente takvoj osobi i govoriće: „Toj osobi ne trebaju čak ni pravila." Tako da, da li ovo zaista znači da je ova osoba pravedna?

Osija 14:9 kaže: „Ko je mudar, neka razume ovo; i razuman neka pozna ovo. Jer su pravi putevi GOSPODNJI, i pravednici će hoditi po njima, a prestupnici će pasti na njima." To znači da osoba koja zaista poštuje zakone Božje odista i jeste pravedna osoba.

Takođe, Jevanđelje po Luki 1:5-6 kaže: „U vrijeme Iroda

cara judejskog bješe neki svještenik od reda Avijinog, po imenu Zarija, i žena njegova od plemena Aronovog, po imenu Jelisaveta. A bjehu oboje pravedni pred Bogom, i življahu u svemu po zapovjestima i uredbama Gospodnjim bez mane." Ovo znači da je neko pravedan samo kada praktikuje zakone Božje, naime sve zapovjesti i odredbe Gospoda.

Postati odista pravedna osoba

Ma koliko da se neko trudi da bude pravedan, niko nije pravedan zato što svako ima prvobitan grijeh, koji je prenešen od njegovih predaka i samo počinjene grijehove, ili drugačije poznate kao prave grijehove. Poslanica Rimljanima 3:10 kaže: „Kao što stoji napisano, ni jednog nema pravednog." Jedana i najpravednija osoba je bila i biće, Isus Hrist.

Isus, koji nije imao čak ni prvobitan grijeh niti samopočinjen grijeh, prolio je Njegovu krv i umro je na krstu da bi platio kaznu za naše grijehove, i On se ponovo uzdigao iz smrti i postao je naš Spasitelj. U trenutku kada mi povjerujemo u Isusa Hrista, koji je put, istina i život, tada su naši grijehovi oprani i mi smo pravdani. Međutim, ako smo samo opravdani sa vjerom, to ne znači da smo mi završili. Da, kada mi vjerujemo u Isusa Hrista, nama će biti opršteno od naših grijehova i bićemo opravdani; međutim, mi i dalje posjedujemo grešnu prirodu unutar naših srca.

Zbog toga je u Poslanici Riljanima 2:13 zapisano: „Jer pred Bogom nisu pravedni oni koji slušaju zakon, nego će se oni opravdati koji ga tvore." To znači da čak iako smo opravdani sa vjerom, mi možemo da postanemo zaista pravedna osoba samo kada promjenimo naše srce iz neistine u srce od istine čineći po Božjoj Riječi.

U vremenima Starog Zavjeta, prije nogo što je Sveti Duh došao, ljudi nisu mogli u potpunosti da odbace njihove grijehove. Tako da ako oni nisu griješili sa njihovim djelima, oni nisu bili smatrani za griješnike. Ovo je bilo vrijeme Zakona, gdje su ljudi uzvraćali „oko za oko i zub za zub." Međutim, ono što Bog želi je obrezivanje srca-odbacivanje neistine, ili grešne prirode srca i praktikovanje ljubavi i milosti. Tako da za razliku od ljudi u vremenima Starog Zavjeta, ljudi u Novom Zavjetu koji su prihvatili Isusa Hrista i primili Svetog Duha kao dar, i uz pomoć Svetog Duha, bili su osnaženi da odbace grešne prirode iz njihovih srca. Čovjek ne može da odbaci grijeh i postane pravedan samo uz sopstvenu pomoć. Zbog toga je došao Sveti Duh.

Prema tome, da bi mi postali zaista pravedna osoba, nama je potrebna pomoć Svetog Duha. Kada mi uzvikujemo Bogu u našim molitvama da bi postali pravedni, Bog nam daje milost i snagu a Sveti Duh nam pomaže. Tako da mi možemo definitivno da prevaziđemo grijeh i iščupamo grešnu prirodu u korijenu iz središta našeg srca. Kako sve više odbacujemo grijeh, postajemo posvećeni i dostižemo potpunu mjeru vjere uz pomoć Svetog Duha, tako više primamo Božju ljubav i postajemo zaista pravedni ljudi.

Zašto mi moramo da postanemo pravedni?

Vi ćete se možda pitati: „Da li ja zaista treba da postanem pravedan? Zar ne mogu samo da vjerujemo u Isusa do određene mjere i živim normalnim životom?" Ali Bog kaže u otkrivenju Jovanovom 3:15-16: „Znam tvoja djela da nisi ni studen ni vruć; o da si studen ili vruć. Tako, budući mlak, i nisi ni studen ni vruć, izbljuvaću te iz usta svojih."

Bog ne voli „prosječnu vjeru." Mlaka vjera je opasna, zato što je zaista teško održati ovu vrstu vjere duži vremenski period. Na kraju, ova vrsta vjere postaje hladna. Ona je kao topla voda. Ako je ostavite takvom neko vrijeme, na kraju se hladi i postaje hladna. Bog kaže da će On ispljuvati ljude sa ovom vrstom vjere. Ovo znači da ljudi sa ovom vrstom vjere ne mogu biti spašeni.

Zašto mi onda moramo da postanemo pravedni? Kao što je zapisano u Poslanici Rimljanima 6:23: „Plata za grijeh je smrt," griješnik pripada neprijatelju đavolu i ide putem smrti. Prema tome, griješnik mora da se okrene od gijreha i postane pravedan. Tek tada griješnik može da bude oslobođen od iskušenja, stradanja i bolesti koju mu đavo daje. Kako čovjek živi na ovom svijetu, on će vjerovatno iskusiti sve vrste tuge i teške situacije kao što su bolest, nesreće i smrt. Međutim, ako jedan postane pravedan, on neće biti povezan sa ovim stvarima.

Prema tome, mi moramo da obratimo pažnju na Božje Riječi i pridržavamo se svih Njegovih zapovjesti. Ako mi živimo pravedno, mi možemo da primimo sve blagoslove koji su opisani u Knjizi Ponovljenog Zakona u poglavlju 28. I kako naša duša napreduje, mi ćemo napredovati u svim stvarima i bićemo zdravi.

Ali sve dok ne postanete pravedna osoba koja ima mogućnost da primi sve ove blagoslove, nevolje će vas pratiti. Na primjer, da bi osvojili zlatnu medalju na Olimpijskim igrama, atletičari prolaze kroz teške treninge. Slično tome, malo po malo, Bog će dozvoliti Njegovoj voljenoj djeci da prolaze kroz određena iskušenja i nevolje u okvirima njihovih sposobnosti u skladu sa njihovom mjerom vjere, kako bi njihova duša sve više napredovala.

Bog je rekao Avramu da napusti očevu kuću i kazao mu je:

„Po Mojoj volji živi, i budi pošten" (Postanak 17:1). On je njega obučavao i vodio da bi postao zaista pravedan čovjek. Na kraju, nakon što je Avram prošao poslednji test u žrtvovanju njegovog jedinog sina Isaka, kao žrtvu paljenicu, iskušenja su se završila. Nakon toga, Avram je bio blagosloven sve vrijeme i sve mu je uvijek išlo dobro.

Bog nas trenira da bi uvećao našu vjeru i načinio nas pravednima. Kada svaka osoba prođe svako iskušenje, Bog ga blagosilja a onda ga vodi ka još većoj vjeri. I kroz ovaj proces, mi kultivišemo naša srca Gospoda još više.

Slavu koju ćemo mi primiti na Nebesima razlikovaće se, u zavisnbosti koliko smo mi odbacili naše grijehove i koliko naša srca liče na Hrista. Baš kao što je zapisano u Poslanici Korinćanima 15: 41: „Druga je slava suncu, a druga slava mjesecu, i druga slava zvijezdama; jer se zvijezda od zvijezde razlikuje u slavi," veličina slave koju ćemo dobiti na Nebesima zavisi od toga koliko smo pravedni postali na ovom svijetu.

Vrsta djece koju Bog želi da ima je ona vrsta koja ima kvalifikacije Njegove djece-ona koja ima srca Gospoda. Ovi ljudi će ući u Novi Jerusalim gdje je Božjiu prijesto i oni će boraviti na mjestu slave koje sija kao sunce.

Pravednost će živjeti sa vjerom

Tako da, kako mi treba da živimo da bi postali pravedna osoba? Mi moramo da živimo sa vjerom, kao što je zapisano u Poslanici Rimljanima 1:17: „Pravednik će od vjere živ biti." Mi možemo da podjelimo vjeru da dvije glavne kategorije: tjelesna vjera i duhovna vjera. Tjelesna vjera se zasniva na znanju ili vjera zasnovana na razlogu.

Kada je čovjek rođen i razvija se, stvari koje vidi, čuje i uči od njegovih roditelja, komšija i prijatelja postaju skladirane kao znanje u memorijskom uređaju u njegovom mozgu. Ako osoba vjeruje samo kada se nešto poklapa sa znanjem koje već ima, ovo je nazvano tjelesna vjera. Ljudi koji imaju ovu vrstu vjere, vjeruju da nešto može da bude stvoreno samo od nečega što već postoji. Ali oni ne mogu da vjeruju ili da prihvate određene stvari od ničega.

Na primjer, oni ne vjeruju da je Bog srvorio nebesa i zemlju sa Riječju. Oni nisu mogli da vjeruju u događaj gdje je Isus umirio oluju prekorivši vjetar i naredivši moru: „Ćuti, prestani" (Jevanđelje po marku 4:39). Bog je otvorio usta magarcu i učinio je da on progovori. On je učinio da Mojsije podjeli Crveno more sa štapom. On je učinio i da se masivni zid Jerihona sruši dok su Izraelci samo marširali oko njega i vikali. Ovi događaji nemaju nikakvog smisla u skladu prema saznanjima i razmišljanjem prosječnog čovjeka.

Kako može da se podjeli more, samo zato što je neko podigao štap i uperio ga ka njemu? Međutim, ako Bog-za koga ništa nije nemoguće- dozvoli da se to dogodi, to se događa! Osoba koja priznaje da vjeruje u Boga a opet nema duhovnu vjeru, neće vjerovati da su se ove stvari zaista dogodile. Tako da osoba koja ima tjelesnu vjeru, nema vjeru da vjeruje, prema tome, sasvim je prirodno da oni ne mogu da se povinuju Božjoj Riječi. Prema tome, oni ne mogu da prime odgovore na njihove molitve i ne mogu da prime spasenje. Zbog toga je njihova vjera nazvana „mrtva vjera."

Suprotno tome, duhovna vjera-vjera da je nešto stvoreno od ničega- nazvana je „živa vjera." Oni sa ovom vrstom vjere će razrušiti njihove tjelesne misli i neće pokušavati da razumiju događaj ili situaciju isključivo baziranu na njihovim sopstvenim znanjem i mislima. Oni sa duhovnom vjerom imaju vjeru da prihvate sve što se nalazi u Bibliji na takav način. Duhovna vjera je vjera u kojoj se vjeruje u nemoguće. I zato što vodi ka spasenju, nazvana je „živa vjera." Ako vi želite da postanete pravedni, vi mora da posjedujete duhovnu vjeru.

Kako posjedovati duhovnu vjeru

Da bi posjedovali duhovnui vjeru, mi najprije moramo da se otarasimo svih misli i teorija u našim mislima koje nas ometaju da zadržimo duhovnu vjeru. Kao što je zapisano u 2. Poslanici Korinćanima 10.5, mi moramo da uništimo svaku spletku i svaku uzvišenu stvar koja je podignuta protiv znanja o Bogu, i mi koramo da zarobimo svaku misao u povinovanju prema Hristu.

Znanje, teorije, razumijevanje i vrednosti koje čovjek uči od rođenja nisu uvijek istinite. Samo Riječ Božja je apsolutna i vječna istina. Ako smo uporni u tome da su ograničeno ljudsko znanje i teorije istina, onda ne postoji način da ćemo mi prihvatiti Božju Riječ kao istinu. Stoga, mi nećemo moći da posjedujemo duhovnu vjeru. Zbog toga je važno da mi prije svega moramo da razbijemo ovu vrstu načina razmišljanja.

Takođe, da bi mi posjedovali duhovnu vjeru, mi moramo revnosno da slušamo Božju Riječ. Poslanica Rimljanima 10:17 govori da vjera potiče od slušanja, prema tome mi moramo da slušamo Božju Riječ. Ako mi ne čujemo Riječ Božju, mi nećemo znati šta je istina-prema tome duhovna vjera ne može da zauzme mjesto u nama. Kako mi slušamo riječi Boga ili svjedočenja drugih ljudi na službama bogosluženja i različitim crkvenim sastancima, klica vjere raste u nama, iako na prvi pogled izgleda kao vjera kao znanje.

Onda, da bi preobratili ovo znanje-osnovnu vjeru u duhovnu vjeru, mi moramo da praktikujemo riječi Božje. Kao što je zapisano u Jakovljevoj Poslanici 2.22, vjera djeluje sa ljudskim djelima, a kao rezultat djela, vjera je svršena.

Osoba koja voli bejzbol ne može da postane odličan igrač bejzbola samo zato što čita mnogo knjiga o bejzbolu. Ako je sakupio znanje, on sada mora da prođe kroz rigoroznu obuku prema saznanjima koje je stekao, da bi postao odličan bejzbol igrač. Na isti način, ma koliko da čitate Bibliju, ako vaši postupci ne prate ono što ste pročitali, vaša vjera će ostati kao znanje-osnovna vjera i vi nećete moći da posjedujete duhovnu vjeru. Ako sprovedete u djela ono što ste čuli, tada će vam Bog dati vašu duhovnu vjeru-vjeru da iskreno vjerujete iz središta vašeg srca.

Tako da, ako neko zaista vjeruje iz njegovog srca Božjim riječima koje govore: "Radujte se svagda; molite se Bogu bez prestanka; na svačemu zahvaljujte," koje vrste djela bi on trebao da preuzme? Naravno, on će se radovati u radosnim prilikama. Ali on će se radovati kada i teške situacije narastaju. Sa radošću, on će predati sve u Božje ruke. Ma koliko da je zauzet, on će odvojiti vrijeme za molitvu. I ma kakva da je okolnost, on će uvijek davati zahvalnost, sa vjerovanjem da će biti odgovoreno na njegove molitve, zato što vjeruje u Svemogućeg Boga.

Na ovaj način, kada se mi povinujemo Božjim Riječima, Bog je zadovoljan našom vjerom, i On otklanja iskušenja i nevolje i odgovara na naše molitve da bi i mi svakako imali razlog da budemo zahvalni i da dajemo zahvalnost. Kada se mi revnosno molimo, odbacimo neistinu iz našeg srca uz pomoć Svetog Duha, i činimo u skladu sa Božjom Riječju, onda će naše znanje-osnovna vjera postati kao postolje na koje će nam Bog dati duhovnu vjeru.

Ako mi imamo duhovnu vjeru, mi ćemo se povinovati Riječi Božjoj. Kada mi pokušamo, da sprovedemo u djelo nešto što nismo mogli, onda će nam Bog pomoći da to uradimo. Zbog toga će primanje finansijskog blagoslova biti veoma lako. Kao što je zapisano u Malahiji 3.10, kada dajemo cio desetak, Bog proliva nad nama toliko blagoslova da će se prelivati naš magacin! Zato što mi vjerujemo da kada sijemo, mi ćemo požnjeti 30, 60, 100 puta više, mi ćemo sijati sa radošću. Ovako sa vjerom, pravedni će primiti Božju ljubav i blagoslove.

Načini kako da se živi sa vjerom

U našim svakodnevnim životima, mi smo naišli na „Crveno more" koje stoji pred nama, „grad Jerihon" koji mi moramo da srušimo i „rijeku Jordan" koja se izlila. Kada ovi problemi stanu ispred nas, hodanje u istini je živa vjera. Na primjer, sa tjelesnom vjerom, ako nas neko udari i mi ćemo poželjeti da mu vratimo i mrzećemo tu osobu. Ali ako imamo duhovnu vjeru, mi nećemo mrzeti drugu osobu, već ćemo je voljeti. Kada mi imamo ovu vrstu žive vjere-vjeru da sprovedemo Božju Riječ u djela-neprijatelj đavo bježi od nas, i naši problemi su riješeni.

Pravedan koji živi sa vjerom voljeće Boga, povinovaće se i održavati Njegove zapovijesti i činiće u skladu sa istinom. Ljudi se ponekad pitaju: „Kako mi možemo da se pridržavamo svih zapovjesti?" Kao što je jedino umjesno da dijete poštuje njegove roditelje, da muž i žena vole jedno drugo, ako mi sebe nazivamo djetetom Božjim, umjesto je da se mi pridržavamo Njegove zapovjesti.

Novim vjernicima koji su tek počeli da idu u crkvu, možda

će biti teško da u početku zatvore njihove prodavnice u nedjelju. Oni su čuli da će ih Bog blagosloviti ako oni održe cio Sabat tako što će zatvorirti prodavnicu u nedelju, ali možda će im biti teško da u to najprije povjeruju. Tako da u nekim slučajevima, oni će možda biti prisutni u crkvi nedjeljom na jutarnjoj službi a onda će otvoriti prodavnicu u podne.

Sa druge strane, za mnogo starije vjernike, profit im ne predstavlja problem. Njihov prvi prioritet je povinovati se Božjoj Riječi, tako da se oni povinuju time što su zatvorili prodavnicu u nedjelju. Onda će Bog vidjeti njihovu vjeru i učiniće da oni imaju još veći profit od profita koji su imali kada im je nedjeljom bila otvorena prodavnica. Kao što je Bog obećao, On će ih zaštititi od gubitka i blagosloviće njih ugnjetavane, zajedno uzdrmane i pregažene.

Ovo se isto odnosi i na odbacivanje grijehova. Grijehovi kao što su mržnja i požuda je teško odbaciti, ali oni mogu biti odbačeni kada se revnosno molimo. Iz mog ličnog iskustva, grijehove koje nisam jednostavno mogao da odbacim sa molitvom, odbacio sam ih sa postom. Ako posto u trajanju od tri dana nije pomogao, postio bi pet dana. Ako i to nije pomoglo, pokušao bi sedam dana a onda deset dana. Postio sam sve dok nisam odbacio grijeh. Onda, našao sam sebe da sam odbacivao grijeh da bi izbjegao post!

Ako mi možemo da odbacimo ovih nekoliko grijehova koje je teško odbaciti, onda će drugi grijehovi biti laki za odbacivanje. To je kao čupanje drveta iz korena. Ako uklonimo glavni koren, svi ostali koreni će izaći iz njega.

Ako mi volimo Boga, održavanje Njegovih zapovijesti neće biti teško. Kako može neko ko voli Boga da se ne pridržava

Njegovih riječi? Voljeti Boga je povinovati se Njegovim riječima. Tako da, ako imate ljubav za Njega, vi možete da se pridržavate svim Njegovim zapovjestima. Da li su preblemi nagomilani pred vama veliki kao Crveno more ili kao silan grad Jerihon?

Ako mi posjedujemo duhovnu vjeru, stavimo našu vjeru u djela i hodamo po putu pravednosti, onda će Bog riješiti sve naše teške probleme i odstraniće našu patnju. Što više pravedniji postajemo, naši problemi će utoliko brže biti riješeni i brže će biti odgovoreno na naše molitve! Tako da na kraju, ja se nadam da ćete vi uživati u uspešnom životu ne samo na ovoj zemlji, već i u vječnim blagoslovima na Nebesima dok marširate sa vašom vjerom kao pravedne osobe Božje!

Riječnik

Razmišljanja, teorije i okviri u mislima

„Razmišljanje" kroz rad duše, nosi sačuvano znanje u memorijskom uređaju mozga. Ove misli mogu da budu svrstane u dvije kategorije: tjelesne misli koje su protiv Boga i duhovne misli koje Bogu udovoljavaju. Među znanjem koje je skladirano u našoj memoriji, ako mi odaberemo ono što je istina, mi ćemo imati duhovne misli. Suprotno tome, ako odaberemo ono što je neistina, mi ćemo imati tjelesne misli.

„Teorija" je logika koja utvrđuje osnove znanja koje je stečeno kroz njeno iskustvo, razumijevanje ili obrazovanje. Teorija se razlikuje od iskustva svake osobe, misli ili oblasti. Ona stvara sporove i više puta ide protiv Riječi Božje.

„Okvir" je mentalni okvir sa kojim neko vjeruje da je u pravu. Ovi okviri su napravljeni kao očvrsla samopravednost čovjeka. Iz ovog razloga, za neke ljude njihova ličnost je sama po sebi postala okvir, a za neke druge, njihovo znanje i teorije mogu postati okviri. Mi moramo da čujemo Riječ Božju i razumijemo istinu kako bi otkrili ove okvire u našim mislima i kako bi ih pokidali.

Poglavlje 8

Povinovanje u Hristu

„Jer ako i živimo po tijelu, ne borimo se po tijelu, jer oružje našeg vojevanja nije tjelesno, nego silno od Boga na raskopavanje gradova, da kvarimo pomisli. I svaku visinu koja se podiže na poznanje Božje, i robimo svaki razum za pokornost Hristu, i u pripravnosti imamo osvetu za svaku nepokornost, kad se izvrši vaša pokornost."
(2. Korinćanima Poslanica 10:3-6)

Ako mi prihvatimo Isusa Hrista i postanemo pravedna osoba koja posjeduje duhovnu vjeru, mi možemo da primimo nevjerovatne blagoslove od Boga. Ne samo da ćemo mi moći da damo slavu Bogu čineći djela Božja na čudesan način, već šta god da potražimo u molitvi, On će nam odgovoriti i mi ćemo voditi život koji je napredan na svaki način.

Međutim, postoje neki ljudi koji priznaju da vjeruju u Boga, a opet se ne pokoravaju Božjoj Riječi, a prema tome, oni ne mogu da dostignu pravednost Božju. Oni tvrde da se mole i da naporno rade za Gospoda, a ipak ne dobijaju blagoslove, i uvijek su u sredini iskušenja, nevolja i bolesti. Ako jedan ima vjeru, on treba da živi u skladu sa Božjom Riječju i prima njegove obilne blagoslove. Ali zašto vjernici nisu u mogućnosti da ovo urade? To je zbog toga zato što se konstantno drže tjelesnih misli.

Tjelesne misli koje su neprijateljski naklonjene prema Bogu

Izraz „tjelesne" se odnosi na nečije telo koje je u kombinaciji sa grešnom prirodom. Ove grešne prirode jesu neistina u nečijem srcu, koja po spoljašnosti nije bila otkrivena kao djelo. Kada ovo neistine izađu u obliku misli, ove misli su nazvane „tjelesne misli." Kada mi imamo tjelesne misli, mi ne možemo u potpunosti da se povinujemo istini. Poslanica Rimljanima 8:7 kaže: „...jer tjelesno mudrovanje neprijateljstvo je Bogu, jer se ne pokorava zakonu Božjem niti može."

Onda još izrazitije, šta su tjelesne misli? Postoje dvije vrste misli. Prve su tjelesne misli koje nam pomažu u skladu sa istinom, ili Božjim zakonom, a druge su tjelesne misli koje nas drže da činimo u skladu sa Božjim zakonom (Poslanica Rimljanima 8:6). Dok biramo između istine i neistine, mi možemo da imamo ili duhovnu vjeru ili tjelesne misli.

Ponekada kada vidimo nekoga ko nam se ne dopada, sa jedne strane, mi ćemo možda imati misli da nam se ta osoba ne dopada u skladu sa našim bolesnim mislima prema njemu. Sa druge strane, mi ćemo možda imati misli sa pokušajem da volimo tu osobu. Ako vidimo našeg komšiju koji ima nešto lijepo, mi bi mogli da imamo misli da ukrademo od njega ili misli da ne smijemo da poželimo da uzmemo imovinu našeg komšije. Misli koje su u skladu sa zakonom Božjim, koje kažu: „Volite vaše komšije" i „Ne poželi," ovo su duhovne misli. Ali misli koje vas provociraju da mrzite ili kradete su suprotne Božjim zakonima; i stoga su tjelesne misli.

Tjelesne misli su neprijateljski naklonjene prema Bogu; prema tome one spriječavaju razvoj našeg duhovnog rasta i idu protiv Boga. Ako mi pratimo tjelesne misli, mi rastemo udaljeni od Boga, podložni smo svjetovnom životu i na kraju se suočavamo sa iskušenjima i nevoljama. Postoje mnoge stvari koje mi vidimo, čujemo i učimo na ovom svijetu. Mnoge od njih su protiv Boga i ometaju naš hod u vjeri. Mi moramo da razumijemo da su sve ove stvari tjelesne misli koje su neporijateljski nastorojene prema Bogu. I jednom kada otkrijemo ove misli, mi moramo da ih temeljno odbacimo. Ma koliko da izgleda ispravno po vama, ako to nije u liniji sa Božjom voljom, to je tjelesna misao i prema tome, neprijateljski je nastrojena ka Bogu.

Hajde da razmotrimo slučaj Petra. Kada je Isus rekao učenicima o tome da će On otići u Jerusalim da bude razapet i da će vasrsnuti trećeg dana, Petar je rekao: „Bože sačuvaj! Neće to biti od tebe" (Jevanđelje po Mateju 16:22). Ali onda je Isus rekao: „Idi od mene sotono! Ti si mi sablazan; jer ne misliš šta je Božje nego ljudsko" (Jevanđelje po Mateju 16:23).

Petar kao desna ruka Isusov učenik, rekao je ovo iz ljubavi za njegovog učitelja. Ali ma koliko da je bila dobra njegova namjera, njegovo riječi su išle protiv Božje volje. Zato što je to bila volja Božja da On preuzme krst i otvori vrata ka spasenju, Isus je otjerao Sotonu, koja je pokušala da ometne Petra kroz njegove misli. Na kraju, kako je on doživio Isusovu smrt i vaskrsenje, Petar je počeo da shvata koliko su beznačajne i neprijateljski naklonjene misli protiv Boga i on je u potpunosti uništio te misli.

Kao rezultat, Petar je postao ključni igrač u širenju jevanđelja o Hristu i i izgradio je prvu čvrsto stojeću crkvu.

„Samopravednost" - jedna od glavnih tjelesnih misli

Među svim različitim vrastama tjelesnih misli, „samopravednost" je glavni primjer. Jednostavno rečeno, „samopravednost" je rasprava da ste u pravu. Nakon što je osoba rođena, ona uči mnoge stvari od njegovih roditelja i učitelja. Ona takođe uči kroz prijatelje i različita okruženja kome je izložena.

Ali bez obzira koliko su dobri roditelji i učitelji te osobe, nije lako da jedinka tek tako nauči istinu. Veća je vjerovatnoća da će on naučiti mnogo stvari koje idu protiv volje Boga. Naravno, svako pokušava da nauči ono što misli da je ispravno; međutim, kada razmišlja o Božjim standardima o pravednosti, skoro sve stvari su neistina. Vrlo malo ima koje su istina. Ovo je zato što niko nije dobar osim samog Boga (Jevanđelje po Marku 10:18; Jevanđelje po Luki 18:19).

Na primjer, Bog na govori da na zlo uzvratimo dobrim. On nam govori ako vas neko natjera da idete sa njim jedan kilometar, vi idite sa njim dva kilometra. Ako vam uzmu kaput, dajte im i majcu. On nas uči da je onaj koji služi mnogo veći; i da jedan koji daje i žrtvuje se je na samom kraju pobjednik. Ali šta ljudi misle o „pravednosti" se razlikuje od osobe do osobe. Oni uče da na zlo treba da vratimo zlo, i da treba da ustanemo protiv zla do samog kraja dok ne ostvarimo pobjedu.

Evo jednog primjera. Vaše dijete je otišlo kod drugara kući i vraća se kući plačući. Njegovo lice izgleda kao da ga je neko noktima ogrebao. U ovom trenutku, većina roditelja će biti veoma uznemirena i grdiće svoje dijete. U nekim ozbiljnijim slučajevima, roditelj će možda reći: „Sledeći put, ne moj samo da sjediš i primaš udarce. Vrati mu!" Oni uče njihovu djecu da je dobijanje batina djelo slabosti, ili gubitka.

Takođe, postoje oni ljudi koji možda pate zbog bolesti. Bez obzira na to kako se njihov pazitelj možda osjeća, oni poriču ovo i poriču ono, i pokušavaju da sami sebi ugode. Sa tačke gledišta bolesnog čovjeka, zato što je njihov bol veliki oni smatraju da su njihova djela opravdana. Međutim, Bog nas uči da ne tražimo sopstvenu korist, već da tražimo korist drugih. Na ovaj način se ljudske misli i misli Božje razlikuju. Ljudski standard pravednosti i Božji standard pravednsoti je veoma različit.

U Postanku 37:2, mi vidimo Josifa koji je zbog njegove samopravednosti pokazivao ocu s vremena na vrijeme pogrešna djela njegove braće. Sa njegove tačke gledišta, on njije volio bezakona djela njegove braće. Da je Josif imao malo više dobrote u njegovom srcu, on bi tražio Božju mudrost i našao bi mnogo bolje i mirnije rješenje problema a da ne povređuje njegovu braću. Međutim, zbog njegove samopravednosti, njega su mrzela braća i njihovim rukama su njega prodali kao roba u Egipat. Tako da na ovaj način, ako vrijeđate osobu zbog toga što mislite da je „pravedna," onda ćete vi možda iskusiti ovu vrstu nevolja.

Međutim, šta se dogodilo Josifu nakon što se razumio pravednost Božju kroz iskušenja i nevolje sa kojim se suočio? On je odbacio samopravednost i uzdigao se do pozicije da je postao prvi ministar Egipta gdje je zaslužio vlast da vlada nad mnogim ljudima. On je čak i spasio njegovu porodicu od gladi, uključujući i njegovu braću koji su ga prodali kao roba. On je takođe bio i iskorišćen da obezbjedi osnovu za formiranje nacije Izraela.

Apostol Pavle je pogazio njegove tjelesne misli

U Poslanici Filipljanima 3:7-9, Pavle je rekao: „No šta mi bješe dobitak ono primih za štetu Hrista radi. Jer sve držim za štetu prema prevažnom poznanju Hrista Isusa Gospoda svog, kog radi sve ostavih, i držim sve da su trice, samo da Hrista dobijem, i da se nađem u Njemu..."

Rođen u Tarsi, glavnom gradu Kilikija, Pavle je bio Rimski državljanin od rođenja. Imajući Rimsko državljanstvo koje je vladalo svijetom u to vrijeme, znači da je imao značajnu društvenu moć. Pored toga, Pavle je bio ortodoksni farisej iz plemena Venijamin (Djela Apostolska 22:3) i studirao je pod Gamalilovima, najboljim učenjacima u to vrijeme.

Kao najrevnosniji među Jevrejima, Pavle je bio na čelu u proganjanju hrišćana. U stvari, on je bio na putu za Damaskus da uhapsi hrišćane koji su se tamo nalazili, kada je sreo Isusa Hrista. Kroz ovaj susret sa Gospodom, Pavle je razumio njegova pogrešna djela i počeo je zaista shvata da je Isus Hrist odista pravi Spasitelj. Od tog trenutka pa nadalje, on se odrekao svog obrazovanja, vrijednosti i društvenog položaja i pratio je Gospoda.

Nakon što je sreo Isusa Hrista, šta je bio razlog da je Pavle smatrao gubitkom sve ove stvari koje su mu bile dodeljene? On je shvatio da svo njegovo znanje potiče od čovjeka, običnog stvorenja i da je prema tome ograničen. On je takođe počeo da shvata da čovjek može da stekne život i uživa u vječnoj radosti na Nebesima vjerovanjem u Boga i prihvatanjem Isusa Hrista, i da je početak znanja i ukupno razumijevanje, u stvari Bog.

Pavle je shvatio da je školsko znanje ovog svijeta jedva potrebno za život na ovoj zemlji, ali da je znanje o Isus Hristu najplemenitiji oblik znanja sa kojim može da se riješi osnovni ljudski problem. On je otkrio da unutar okvira znanja o Isusu Hristu, postoji neograničena moć i vlast, blago, poštovanje i bogatstvo. Zato što je on imao toliko čvrsto vjerovanje u ovu činjenicu, on je smatrao gubitkom i smećem svo njegovo školsko znanje i razumijevanje sa ovog svijeta. Ovo je bilo za cilj da stekne Hrista i da bude u Njemu pronađen.

Ako je neko tvrdoglav i misli: „Ja znam," i ako je pun samog sebe sa mislima: „Ja sam uvijek u pravu," onda on nikada neće biti u mogućnosti da pronađe pravog sebe i uvijek će da ima mišljenje da je najbolji. Ovakva vrsta osobe neće slušati druge sa poniznim srcem; prema tome, on ništa ne može da nauči i ne može ništa da razumije. Međutim, Pavle je sreo Isusa, najvećeg učitelja svih vremena. Da bi prisvojio Njegovo znanje, on je odbacio sve njegove tjelesne misli koje je nekad smatrao apsolutnom istinom. Ovo je bilo da bi se Pavle otarasio njegovih tjelesnih misli da bi stekao plemenito znanje o Hristu.

Prema tome, apostol Pavle je imao mogućnost da dostigne pravednost koja udovoljava Bogu, kao što je i priznao: „...ne imajući svoje pravde koja je od zakona, nego koja je od vjere Isusa Hrista, pravdu koja je od Boga u vjeri" (Poslanica Filipljanima 3:9).

Pravednost koja potiče od Boga

Prije nego što je sreo Gospoda, apostol Pavle se striktno pridržavao Zakona i sebe je smatrao pravednim. Ali nakon što je on sreo Gospoda i primio Svetog Duha, on je otkrio njegovu iskrenu ličnost i priznao je: „Hristos Isus dođe na svijet da spase grješnike, od kojih sam prvi ja" (1. Timotijeva Poslanica 1:15). On je shvatio da je imao oba i prvobitan grijeh i samopočinjene grijehove/prave grijehove i da tek treba da ispuni istinu , duhovnu ljubav. Da je, od početka bio pravedan i da je hodao u vjeri koja ugađa Bogu, on bi prepoznao ko je Isus bio i od početka bi Njemu služio. Međutim, on nije prepoznao Spasitelja i umjesto toga bio je dio onih koji su proganjali one koji su vjerovali u Isusa. Tako da u stvarnosti, on se nije razlikovao od fariseja koji su zakovali Isusa na krst.

U vremenima Starog Zavjeta, oni su morali da vrate oko za oko i zub za zub. U skladu sa Zakonom, ako bi neko počinio ubistvo ili preljubu, bio bi kamenovan do smrti. Ali fariseji nisu razumijeli iskreno srce Boga sadržano u Zakonu. Zašto bi Bog ljubavi stvorio ovakva pravila?

U vremenima Starog Zavjeta, Sveti Duh nije dolazio u srca ljudi. Njima je bilo mnogo teže da kontrolišu njihova djela za razliku od onih koji su primili Svetog Duha, Utješitelja, u vremenima Novog Zavjeta. Stoga, grijeh je mogao brzo da se širi tamo gdje nije bilo kazna već samo oproštaj. Iz ovog razloga, da bi spriječili ljude da čine grijehove i da bi spriječili širenje grijehova, oni su morali da plate životom, oko za oko i zub za zub i noga za nogu. Takođe, ubistvo i preljuba su ozbiljni zli grijehovi, takođe samo od strane svetovnih standarda. Osoba koja počini ovakve vrste grijehova ima srce koje je veoma očvrslo. Biće teško takvoj osobi da se okrene od njegovih puteva. Tako da, pošto on ne može da primi spasenje i pošto svakako ide ka putu pakla, bolje će biti po njega da bude kamenovan i da dozvoli da kazna služi kao upozorenje i lekcija za druge ljude.

Ovo je takođe ljubav Božja, ali Bog nikada nije namjeravao niti je želio čovjeku da ima pravni oblik vjere gdje neko treba da plati oko za oko i zub za zub. U Knjizi Ponovljenog Zakona 10:16, Bog je rekao: „Zato obrežite srce svoje, i nemojte više biti tvrdovrati." A Jeremija 4:4 kaže: „Obrežite se GOSPODU, i skinite okrajak sa srca svog, Judejci i Jerusalimljani, da ne iziđe jarost moja kao oganj i razgori se da ne bude nikoga ko bi ugasio za zla djela vaša."

Vi možete da vidite da čak i u vremenima Starog Zavjeta, ovo proroci koji su bili prepoznati od Boga, nisu imali pravnu vjeru. Ovo je zato što ono što Bog zaista želi, jeste duhovna ljubavi i saosjećanje. Baš kao što je Isus Hrist ispunio Zakon sa ljubavlju, ovi proroci i patrijarsi koji su primili Božju ljubav i blagoslove, žudili su za ljubavlju i mirom.

U Mojsijevom slučaju, kada su Izraelci stajali na ivici smrti zbog počinjenog neoprostivog grijeha, On se zalagao u njihovo ime i tražio je od Boga da zamjeni njegovo spasenje za njihovo. Pavle međutim, nije bio ovakav prije nego što je sreo Isusa hrista. On nije bio pravedn u Božjim očima. On je bio pravedan u sopstvenim očima.

Tek nakon što je sreo Hrista on je smatrao gubitkom sve što je do tada znao, i počeo je da širi plemenito znanje o Hristu. Iz njegove ljubavi prema dušama, Pavle je posadio crkve gdje god da se zaustavio i on je žrtvovao njegov život za jevanđelje. On je živio najvrijednijom i najdragocijenijom vrstom života.

Saul se nije povinovao Bogu sa tjelesnim mislima

Saul je pravi primjer čovjeka koji je sebe postavio protiv Boga zato što je imao tjelesne misli. Pomazan od strane proroka Samuela, Saul je bio prvi kralj Izraela koji je vladao nad nacijom 40 godina. Prije nego što je postao kralj, on je bio ponizan čovjek. Ali nakon što je postao kralj, on je polako postajao sve više i više ponosniji. Na primjer, kada se Izrael spremao za rat sa Filistejcima i kada se prorok Samuilo nije pojavio u dogovoreno vrijeme, ljudi su počeli da se razilaze, čak iako je samo svještenik trebao da prinese žrtvu na oltaru, Saul je sam prineo žrtvu po sopstvenom nahođenju i tako je činio protiv volje Božje. A kada je Samuel njega oštro kritikovao zato što nije imao obzira prema granicama svetosti svještenika, umjesto da se pokaje, Saul je brzo pronašao izgovore.

A kada mu je Bog rekao da „u potpunosti uništi Amalićane," on se nije povinovao. On je umjesto toga zarobio kralja. On je čak i poštedio izbor stoke i doveo ih kući. Zato što je on dozvolio njegovim tjelesnim mislima da dopru do njega, on je stavio njegove sopstvene misli ispred Božjih riječi. I opet je tražio od njegovog naroda da ga uzdiže. Na kraju, Bog je okrenuo Njegovo lice od njega i bio je poderan zlim duhovima. Ali čak i pod ovim uslovima, on je odbio da okrene lice od zla i pokušavao je da ubije Davida, onog koga je Bog moripomazao. Bog je dao Saulu mnogo prilika da se okrene, ali on nije mogao da odbaci njegove tjelesne misli i opet se nije povinovao Bogu. Na kraju, on je krenuo ka putu smrti.

Način da se ispuni Božja pravednost kroz vjeru

Kako onda mi možemo da odbacimo tjelesne misli koje su neporijateljski nastrojene prema Bogu da mogu da postanu pravedne prema Bogu? Mi moramo da uništimo spekulacije i sve uzvišene stvari koje su uzvišene protiv znanja o Bogu i da zarobimo svaku misao do povinovanja prema Hristu (2. Korinćanima Poslanica 10:5).

Pokoriti se Hristu ne znači biti okovan ili biti mučen. To je put ka blagoslovima i ka vječnom životu. Zbog toga su se oni koji su prihvatili Isusa Hrista kao njihovog Spasitelja i iskusili nevjerovatnu ljubav Boga povinovali Njegovoj Riječi i borili se da oponašaju Njegovo srce.

Tako da, kako bi mi dostigli pravdnost Božju kroz vjeru u Isusa Hrista, mi moramo da odbacimo svaki oblik zla (1. Solunjanima Poslanica 5:22) i težimo da ispunimo dobrotu. Vi nećete imati tjelesne misli ako nemate neistinu u vašem srcu. Vi dobijate djela Sotone i idete ka zlim putevima onoliko koliko imate neistinu u vama. Prema tome, povinovanje Hristu znači odbaciti neistinu u vama i poznavanje i djelanje u skladu sa Božjom Riječju.

Ako nam Bog govori „posvetite sebe da biu se sreli," onda bez uključivanja naših sopstvenih misli, mi treba sebe da posvetimo da bi se zajedno sreli. Kako mi prisustvujemo službama bogosluženja, mi treba da razumijemo Božje puteve i povinujemo se u skladu sa time. Međutim, baš kao što mi znamo Riječ Božju to ne znači da mi ne možemo da je primjenimo na pravi način. Mi moramo da primimo snagu da bi sproveli Riječi u djela. Kada se mi molimo, mi postajemo puni Svetim Duhom i možemo da isječemo tjelesne misli. Ali ako s ene molimo, naše tjelesne misli će nas uhvatiti i vodiće nas na pogrešan put.

Prema tome, mi bi trebali da s revnosno molimo boreći se da živimo u skladu sa Božjom Riječju. Prije nego što smo sreli Isusa Hrista, mi smo možda pratili želje mesa govoreći: „hajde da se odmorimo, uživamo, hajde da pijemo i da se veselimo." Ali nakon što sretnemo Isusa Hrista, mi ćemo moći da meditiramo kako da ispunimo Njegovo kraljevstvo i Njegovu pravednost i mi ćemo moći da radimo naporno da bi sproveli našu vjeru u djela. Mi treba da otkrijemo i odbacimo zlo kao što su mržnja i ljubomora šro je suprotno Božjoj Riječi. Mi treba da radimo kao što je Isus činio-volimo naše neprijatelje i ponizimo sebe dok služimo drugima. Onda, ovo znači da postižemo pravednost Božju.

Ja se nadam da ćete vi moći da uništite spletke i svaku svjetovnu stvar koja raste protiv znanja Božjeg, i da zarobite svaku misao u povinovanju Hristu kao što je apostol Pavle učinio, da bi primili mudrost i razumijevanje od Boga i da bi psotali pravedna osoba koja napreduje u svim stvarima.

Riječnik

Pravednost vjere, pokornosti i djela

Pravednost vjere pokazije pozitivnu spoljašnost sa očima vjere umjesto jednostavna pogled stvarnosti kao što je vjerovanje u Božju Riječ. To je oslanjanje ne samo na sopstvene misli i sposobnosti, već na samu Riječ Božju.

Pravednost u pokornosti nije samo povinovanje zapovjesti da jedan može da nosi sa njegovom i njenom sopstvenom snagom. To je, u granicama istine, povinovanje čak i zapovjesti za koju jedan smatra da je nemoguće izneti. Ako osoba ima pravednost vjere on može ist da ispuni i pravednost povinovanja. Osoba koja je ispunila pravednost povinovanja zasnovanu na njegovoj pravednosti vjere može da se povinuje sa vjerom, čak i u okolnostima koje su striktno zabranjene.

Pravednost djelaje sposobnost da se čini u skladu sa Božjom voljom bez ikakvih izgovora, sve dok je to nešto što Bog želi. Kapacitet da se iznese pravednost djela varira u svakoj osobi i zavisi od nečijeg karaktera posude i karaktera srca. Što više osoba zanemaruje sopstvenu korist zbog koristi drugih, tim više može da ispuni ova vrsta pravednosti.

Poglavlje 9

Onaj koga je Gospod pohvalio

„Jer onaj nije valjan koji se sam hvali, nego kog Gospod hvali."
(2. Korinćanima Poslanica 10:18).

Bez obzira u kojoj oblasti smo mi stručni, ako se ističemo u onome što radimo, mi možemo biti pohvaljeni. Ipak, postoji razlika između pohvale od strane neke nasumične osobe i pohvale od stručnjaka iz naše oblasti. Tako, ako nas naš Gospod, Kralj svih kraljeva, Gospodar svih gospodara prizna, onda će ta radost biti neuporediva sa bilo čim na ovom svijetu!

Onaj koga je Gospod pohvalio

Bog zapovjeda onim ljudima čija su srca pravedna i koji nose miris Hrista. U Bibliji nema mnogo slučajeva gdje Isus pruža pohvalu. Ali kada je On to učinio to nije bilo direktno, već je On to učinio indirektno riječima kao što su: „Učinio si ispravnu stvar." „Zapamti ovo." „Raširi ovo."

U Jevanđelju po Luki, poglavlje 21, mi vidimo siromašnu udovicu koja daje ponudu dva mala bakarna novčića. Isus je pohvalio ovu udovicu koja je prinijela ponudu sa svim što je imala, govoreći: „Zaista vam kažem: ova siromašna udovica metnu više od sviju; jer svi ovi metnuše u prilog Bogu od suviška svog, a ona od sirotinje svoje metnu svu hranu svoju što imaše." (stihovi 3-4).

U Jevanđelju po Marku, poglavlje 14, mi se srećemo sa scenom kada žena prosipa skupoceni parfem na Isusovu glavu. Neki ljudi koji su bili tamo krotikovali su je zbog ovoga, govorivši: „Jer se mogaše za nj uzeti više od trista groša i dati siromasima" (stih 5).

Na ovo Isus je odgovorio:„Jer siromahe imate svagda sa sobom, i kad god hoćete možete im dobro činiti; a Mene nemate svagda. Ona šta može, učini: ona pomaza napried tijelo Moje za ukop. Zaista vam kažem, gdje se god uspropovjeda jevanđelje ovo po svemu svijetu, kazaće se i to za spomen njen" (stihovi 6-9).

Ako želite da vas Gospod pohvali na ovaj način, onda vi prvo morate da učinite ono što treba da učinite. Tako, proučimo posebno one stvari koje mi treba da učinimo kao ljudi od Boga.

Biti priznat od Boga

1) Marljivo napravljen oltar pred Bogom

Postanak 12:7-8 kaže: „I javi se Gospod Avramu i reče: „Tvom sjemenu daću zemlju ovu." I Avram načini onde žrtvenik Gospodu, koji mu se javio. Poslije otide odande na brdo, koje je prema istoku od Vetilja, i onde razape šator svoj, te mu Vetilj bješe sa zapada a Gaj s istoka; i onde načini Gospodu žrtvenik, i prizva ime Gospodnje." Štaviše, u Postanku 13:4 i 13:18, takođe je zapisano da je Avram napravio oltar pred Bogom.

U Postanku, poglavlje 28 mi vidimo zapisano kako je Jakov napravio oltar pred Bogom. Dok je bježao od svog brata kojije pokušavao da ga ubije, Jakov je došao na mjesto na kom je zaspao sa kamenom kao uzglavljem. U njegovom snu on je vidio merdevine koje se pružaju do Nebesa i vidio je Božje anđele koji se penju i spuštaju niz merdevine i čuo je Božji glas. Kada se sledećeg jutra probudio, Jakov je uzeo kamen koji mu je bio uzglavlje, uspravio ga kao stub, polio ga uljem i tu slavio Boga.

U današnjem smislu, napraviti oltar pred Bogom je isto kao otići u crkvu i prisustvovati bogosluženjima. To znači učiniti istinsku ponudu svim svojim srcem i zahvaljivati se; to znači slušati Božju Riječ i primati je kao hranu za naše srce. To znači primati Riječ koju smo čuli i primjenjivati je na djela. Na ovaj način, pošto bogoslužimo u duhu i istini i pošto primjenjujemo Riječ, Bog je zadovoljan nama i vodi nas u život pun blagoslova.

2) Uzdignite molitve koje Bog želi da čuje

Molitva je duhovno disanje. To je komunikacija sa Bogom. Važnost molitve se naglašava na mnogo različitih mjesta kroz Bibliju. Naravno, ako Mu i ne govorimo o svakom detalju, On već sve zna. Međutim, zato što On želi da komunicira sa nama i podjeli ljubav sa nama, Bog je dao obećanje u Jevanđelju po Mateju 7:7: „Ištite, i daće vam se."

Da bi naša duša prosperirala i otišla na Nebesa, mi se moramo moliti. Samo onda kada smo ispunjeni milošću i Božjom moći i upotpunjeni Svetim Duhom, mi možemo odbaciti tjelesne misli koje su u suprotnosti sa istinom i možemo biti ispunjeni Božjom Riječju, istinom. Takođe, mi se moramo moliti da bismo postali ljudi od istine, ljudi od duha. Moleći se, sve stvari kod nas će prosperirati i mi ćemo biti dobrog zdravlja dok naša duša prosperira.

Svi ljudi koji su bili voljeni i priznati od Boga bili su ljudi koji su se molili. 1. Samuelova Poslanica 12:23 kaže: „A Meni ne dao Bog da zgriješim Gospodu i prestanem moliti se za vas." Da bismo primili nešto od Boga što nije moguće ljudskom moći, mi moramo komunicirati sa Bogom. Danijel, Petar i apostol Pavle su bili ljudi koji su se molili. Isus se molio rano ujutru, a ponekad i tokom cijele noći. Priča o tome kao se On molio u Getsimaniji dok mu znoj nije postao kao kapljice krvi je vrlo poznata.

3) Imati vjeru da bi se primili odgovori

U Jevanđelju po Mateju, poglavlje 8, kapetan dolazi da vidi Isusa. U to vrijeme Izrael je bio okupiran od strane Rima. Kapetan rimske vojske bi danas bio sličan visoko-rangiranom vojnom oficiru. Kapetan moli Isusa da iscjeli njegovog slugu koji je patio od paralize. Isus je vidio kapetanovu ljubav i vjeru, te je odlučio da ode i iscjeli slugu.

Ali kapetan je dao ovo priznanje vjere: „Gospode, nisam dostojan da pod krov moj uđeš; nego samo reci riječ, i ozdraviće sluga moj. Jer i ja sam čovjek pod vlasti, i imam pod sobom vojnike, pa kažem jednom: „Idi!" i ide; i drugom: „Dođi!" i dođe; i sluzi svom: „Učini to!" i učini."(Jevanđelje po Mateju 8:8-9).

Vidjevši kapetanovu vjeru i poniznost kao dragocijenu, Isus je rekao: „Zaista vam kažem: ni u Izrailju tolike vjere ne nađoh" (stih 10). Mnogo ljudi želi da ima ovakvu vrstu vjere, ali mi ne možemo imati ovakvu vrstu vjere samo zbog naše volje. Što više dobrote imamo u našem srcu i što više sprovodimo Božju Riječ u djelo, to nam više Bog daje ovakvu vrstu vjere. Zbog toga što je kapetan imao dobro srce, zbog onoga što je on vidio i čuo o Isusu, on je jednostavno vjerovao. Na ovaj način, Bog pohvaljuje svakoga ko vjeruje i ko svoju vjeru sprovodi u djela, a Bog djela u skladu sa njihovom vjerom.

4) Imati skromno srce pred Bogom

U Jevanđelju po Marku, poglavlje 7, žena Sirijskofeničrka je došla pred Isusa sa skromnim srcem, želeći da iscjeli svoju ćerku koju je zaposjeo demon. Kada je žena tražila od Njega da iscjeli njenu ćerku, Isus je rekao: „Stani da se najprije djeca nahrane; jer nije pravo uzeti hljeb od djece i baciti psima" (stih 27). Žena se nije naljutila niti uvrijedila, iako je bila upoređena sa psom.

Zato što je bila ispunjena velikom željom da dobije odgovor bez obzira na sve, i zato što je vjerovala u Isusa, koji je bio sama Istina, ona je sebe ponizila na veoma skroman način i nastavila je da uzvikuje: „Da, Gospode, ali i psi pod trpezom jedu od mrva djetinjih" (stih 28). Isus je bio dirnut njenom vjerom i poniznošću da je On odgovorio na njen zahtjev rekavši joj: „Idi, izađe đavo iz kćeri tvoje" (stih 29). Mi moramo imati ovakvu vrstu poniznosti pred Bogom kad tražimo i molimo se.

5) Sejite sa vjerom

Sjejanje sa vjerom je takođe dio pravednosti, koju Bog zapovjeda. Ako želite da postanete bogati, sejite u skladu sa zakonom sjetve i žetve. Ovo je najprimenjivije kada se radi o davanju desetka i ponuda zahvalnosti. Čak i kada pogledamo zakone prirode, mi možemo vidjeti da se žanje onako kako se posijeje. Ako sijete pšenicu, žnjećete pšenicu, a ako sijete pasulj, žnjećete pasulj. Ako sijete malo, žnjećete malo, a ako sijete mnogo, žnjećete mnogo. Ako sijete na plodnom zemljištu, žnjećete dobre plodove; a što bolje orezujete i održavate, žnjećete bolje plodove.

Ponude koje mi dajemo pred Bogom se koriste za spasenje izgubljenih duša, za izgradnju crkava i za podršku misijama i pomoć onima kojima je pomoć potrebna. Zbog toga mi možemo izraziti našu ljubav prema Bogu kroz ponude. Ponude se koriste da se ispuni Božje kraljevstvo i Njegova pravednost, tako Bog prima ove ponude sa radošću i blagosilja nas dajući nam zauzvrat 30, 60 ili 100 puta više. Šta bi Bogu Stvoritelju nedostajalo što bi nam tražio da Mu ponudimo? On nam daje mogućnost da žanjemo ono što sijemo i da primimo Njegove blagoslove!

Kao što je zapisano u 2. Korinćanima Poslanici 9:6-7:„Ovo

pak velim: koji s tvrđom sije, s tvrđom će i požnjeti; a koji blagoslov sije, blagoslov će i požnjeti. Svaki po volji svog srca, a ne sa žalošću ili od nevolje; jer Bog ljubi onog koji dragovoljno daje."

6) Imajte povjerenja i oslonite se na Boga u svim vremenima

David je uvijek pitao Boga, te ga je Bog vodio njegovim putem i pomogao mu da izbjegne razne teškoće. David je upitao Boga: „Da li da učinim ovo ili da učinim ono?", naročito o svemu i on je djelao u skladu sa Njegovim uputstvima (Ref: 1 Samuel,poglavlje 23). Zbog toga je on mogao da pobjedi u tako mnogo bitaka. Zato Bog više voli onu Njegovu djecu koja uvijek vjeruju i pitaju za Njegova uputstva. Ipak, ako Boga nazivamo „Ocem" a ipak vijerujemo svijetu ili našem sopstvenom znanju više nego Bogu, onda nam Bog ne može pomoći.

Što smo više u istini, što više možemo da pitamo Boga, to nas više Bog može pohvaliti. U svemu što radimo mi treba da izdvojimo mudrost u traženju Boga prvo i najprije, a onda treba da čekamo da primimo Njegov odgovor i vođstvo.

7) Povinujte se Božjoj Riječi

Jer nam Bog zapovjeda: „Držite Sabat svetim," mi treba da idemo u crkvu, bogoslužimo, budemo u zajedništvu sa suvernicima i da dan provedemo na sveti način. A zato što nam je On zapovjedio: „Radujte se uvijek i zahvaljujte se za sve," mi treba da se radujemo i da budemo zahvalni bez obzira na okolnosti koje nam dolaze. Ljudi kao ovi, koji se pridržavaju Njegovih zapovjesti u njihovim srcima i povinuju se, primaju blagoslov da su uvijek u prisustvu Boga.

Kroz povinovanje, Petar, Isusov učenik, susreo se sa neobičnim događajem. Da bi platio porez hramu, Isus je rekao Petru da: „baci udicu, i koju prvo uhvatiš ribu, uzmi je; i kad joj otvoriš usta naći ćeš statir. Uzmi ga te im podaj za me i za se" (Jevanđelje po Mateju 17:27). Da je Petar odbio da povjeruje Isusovim riječima i da nije otišao na jezero da uhvati ribu, onda on ne bi iskusio ovaj čudnovati događaj. Ali Petar se povinovao i zabacio udicu, te je mogao da iskusi nevjerovatnu Božju moć.

Sva djela vjere zapisana u Bibliji su slična ovom. Kada Bog čini, On čini u skladu sa mjerom vjere svake osobe. On neće tjerati nekoga sa malom mjerom vjere da se preda van njegove mogućnosti. On mu prvo daje mogućnost da iskusi Njegovu moć povinujući se nečem malom, a onda mu kroz to daje nešto više duhovne vjere. Tako da će on sledeći put moći da se povinuje Njemu nečim malo većim.

Zakovite vaše strasti i želje na krst

Do sada smo proučili stvari koje mi moramo učiniti da bi bili priznati, pohvaljeni i proglašeni pravednim pred Bogom. Štaviše, kada mi zakucamo naše tjelesne strasti i želje na krst, Bog to smatra pravednošću i hvali nas. Ali zašto bi se strasti i želje smatrale grijehovima? Poslanica Galaćanima 5:24 beleži: „A koji su Hristovi, raspeše tijelo sa slastima i željama." Ovo nam govori da mi treba hrabro da odsiječemo ove stvari.

„Strast" je davanje i primanje nečijeg srca. To je bliskost koju osjećate prema nekom kako ga sve bolje upoznajete i gradite odnos sa njim. Ovo ne važi samo za ljude koji se udvraju jedno drugom, već i za porodicu, prijatelje i komšije. Ali zbog ovih „strasti", mi lako možemo postati pristrasni i sužene svijesti. Na primjer, najveći broj ljudi ne oprašta lako ako komšija napravi neku malu grešku, ali kada njihova djeca naprave istu grešku, oni su skloniji da oproste i razumiju. Ali ove vrste tjelesnih strasti ne pomažu narodu, porodici ili individui da se čvrsto drži u pravednosti.

„Želje" su slične. Čak i David koga je Bog toliko volio, završio je počinivši smrtni grijeh ubistva nevinog muža Vitsave, da bi sakrio činjenicu da je sa njom počinio preljubu. Na ovaj način tjelesne strasti i želje rađaju grijeh, a grijeh vodi ka putu smrti. Kada se počini grijeh, griješnik će sigurno biti kažnjen.

U Isusu Navinu, poglavlje 7, mi se susrećemo sa tragičnim događajem koji se desio kao rezultat ljudske tjelesne želje. Nakon Izlaska iz Egipta, tokom osvajanja zemlje Hananske, Izraelci su prešli rijeku Jordan i izvojevali veliku pobjedu protiv grada Jerihona. Nakon toga ipak, bili su poraženi u bici protiv grada Gaj. Kada su Izraelci razmatrali uzrok ovog poraza, otkrili su da je čovjek po imenu Ahan bio pohlepan i sakrio mantil i nešto zlata i srebra od stvari koje su oduzete iz Jerihona. Bog je zapovjedio Izraelcima da ne uzimaju ništa što je oduzeto iz Jerihona za njihovu sopstvenu korist, ali Ahan nije poslušao.

Zbog Ahanovog grijeha, patilo je mnogo Izraelaca, a konačno su Ahan i njegova djeca bili kamenovani do smrti. Kao što mala količina kvasca nadiže cijelu vjeknu hleba, tako je jedan čovjek, Ahan, mogao da dovede do toga da padne cio narod Izraela. Zbog toga ga je Bog tako oštro kaznio. Naša prva misao bi mogla biti: „Kako je Bog mogao nekoga da kazni smrću samo zato što je ukrao jedan mantil i nešto zlata i srebra?" Ipak, razlog je pravedan za ono što se dogodilo.

Ako je seljak nakon što je završio sa sjetvom, posijao nešto korova u zemlju i pomislio: „Oh, to je samo jedna ili dvije biljke..." a onda ih ostavio, za neko vrijeme, korov bi porastao, proširio se i ugušio usjeve. Onda seljak ne bi mogao da požanje dobre usjeve. Strasti i želje su kao korov, tako one postaju prepreke na putu ka Nebesima i na putu primanja odgovora od Boga. One su bolne i uzaludna odvraćanja koje ne služe dobroj svrsi. Zato nam Bog govori da „zakovemo ove stvari na krst."

Sa druge strane, Asa, treći kralj južnog kraljevstva Judeje, strogo je odsjekao svoje strasti i želje i time udovoljio Bogu (1. Knjiga Kraljevima, poglavlje 15). Kao njegov predak David, Asa je činio ono što je bilo ispravno u očima Boga i uklonio je iz cijelog kraljevstva sve idole. Kada je njegova majka, Maha, stvorila sliku Ašera, on je otišao tako daleko da je uklonio sa položaja majke kraljice. Onda je isjekao sliku i zapalio je u potoku Kidron.

Vi možete pomisliti da je Asa otišao predaleko uklanjajući majku sa položaja majke kraljice samo zato što je ona obožavala idola i možda ćete pomisliti da Asa nije bio dobar sin. Ipak, Asa je reagovao na ovaj način jer je zamolio majku mnogo puta da prestane sa obožavanjem idola. Ipak, ona ga nije poslušala. Ako pogledamo ovu situaciju duhovnim očima, razamtrajući položaj kraljice Mahe, njeno idiopoklonstvo bilo je kao da cijela nacija bogosluži idolu. Ovo bi konačno moglo da izazove Božji gnev na cio narod. Zato je Bog zapovjedio Asi da odstrani tjelesne strasti prema svojoj majci. On ga je priznao za pravednika da bi spriječio mnogo ljudi da zgriješi protiv Boga.

Da li to sada znači da se Asa odrekao svoje majke. On je jednostavno odstranio sa položaja majke kraljice. Kao njen sin, on je nastavio da je voli, poštuje i da joj služi. Na isti način, ako neko ima roditelje koji bogosluže lažnim bogovima ili idolima, taj treba da učini sve što je u njegovoj moći da dotakne njihova srca čineći sve ono što sin može da učini. S vremena na vrijeme, pitajući Boga za mudrost, on treba da širi jevanđelje kod njih i da ih ohrabri da se otarase idola. Onda će Bog biti zadovoljan.

Patrijarsi koji su bili pravedni pred Bogom

Bog zapovijeda potpuno povinovanje. On takođe pokazuje Njegovu moć onima koji djelaju u potpunoj povinovanosti. Vrsta povinovanja koju Bog priznaje je povinovanje kada to izgleda nemoguće. U 2. Knjizi Kraljevima, poglavlje 5, mi imamo zapis zapovjednika vojske kralja Arama, Nemana.

General Neman je otišao u susedno kraljevstvo da posjeti proroka Jeliseja u nadi da će se izliječiti od lepre. On je ponio mnogo darova, čak i pismo od kralja! Ipak, kada je stigao tamo, Jelisej ga nije ni pozdravio. Umjesto toga, Jelisej je poslao glasnika da mu kaže da se okupa u rijeci Jordan sedam puta. Osjećajući se uvrijeđeno, Neman je bio spreman da se okrene i vrati kući. Ali na nagovor sluga, Neman je spustio svoj ponos i povinovao se. Oprao je svoje tijelo u rijeci Jordan sedam puta. Mora da je bilo izuzetno teško drugom čovjeku do kralja Arama da spusti ponos i da se ovako povinuje, nakon što se prema njemu Jelisej ophodio na ovaj način.

Jelisej je učinio to što je učinio jer je znao da će ga Bog izliječiti nakon što Neman najprije pokaže svoju vjeru kroz povinovanje. Bog, koji je zadovoljan našim povinovanjem suprotno od žrtvovanja, našao je radost u Nemanovom činu vjere i u potpunosti ga izliječio od lepre. Bog smatra povinovanje za veliku vrlinu i On se mnogo raduje zbog ljudi koji djelaju u pravednosti.

Bog se takođe mnogo raduje zbog vjere onih ljudi koji ne traže korist za sebe i koji ne prave kompromise sa svijetom. U Postanku, poglavlje 23, kada je Avram želio da pokopa Saru u pećini Makpela, vlasnik je pokušao da Avramu da zemlju besplatno. Ipak, Avram to nije prihvatio. Avram nije imao takvo srce koje traži ličnu korist. Zato je on želio da plati tačnu cijenu za zemlju prije nego je preuzme.

A kada je Sodoma bila poražena u ratu i njegov nećak Lot uhvaćen, Avram ne samo da je spasio svog nećaka, već je spasio i druge koji su bili iz Sodome, a donio je i njihove lične stvari. Kada je kralj Sodome pokušao da mu vrati dug kao nagradu zahvalnosti za ono što je učinio, Avram je odbio. On nije prihvatio ništa. Zbog toga što je njegovo srce bilo pravedno, on nije bio pohlepan, niti je imao želju da uzme bilo šta što mu ne pripada.

U Danilu, poglavlje 6, mi vidimo da je Danilo u potpunosti znao da će biti ubijen ako se moli Bogu zbog onih koji su se urotili protiv njega. Ali uprkos tome, on je zadržao svoju pravednost pred Bogom ne prestajući da se moli. On nije pravio kompromis ni u jednom trenutku da bi sačuvao svoj život. Zbog ovog djela, on je bio bačen u lavlju jazbinu. Ali on je bio nepovređen i u potpunosti zaštićen. On je svjedočio živom Bogu i slavio Ga.

Iako je bio pogriješno optužen i zatvoren bez razloga, Josif se nije žalio, niti bio ogorčen ni na koga (Postanak, poglavlje 39). On je sačuvao sebe čistim, nije pravio kompromis sa neistinom i sljedio je jedino put pravednosti. Tako je u Božje vrijeme i način bio oslobođen iz zatvora i uzdignut do počasnog položaja prvog ministra Egipta.

Tako mi moramo služiti Bogu i moramo postati pravedni pred Bogom čineći ono što se od nas traži. Mi takođe moramo udovoljiti Bogu čineći stvari koje nam Gospod zapovijeda. Kada ovo činimo, Bog će nas uzdići, odgovoriti na želje našeg srca i voditi nas u životu koji prosperira.

Riječnik

Razlika između „Avrama" i „Abrahama"

„Avram"je originalno ime od Abrahama, koji je otac vjere (Postanak 11:26).

„Abraham"označava „oca mnogih naroda," ime je koje je Bog dao Avramu da bi napravio savez blagoslova sa njim (Postanak 17:5). Nakon ovog saveza on je postao izvor blagoslova kao otac vjere. I bio je prozvan „Božjim prijateljem."

Blagoslovi za potlačene, ugnjetavane i pregažene i blagoslovi od 30, 60 i 100 puta

Mi primamo blagoslove od Boga u skladu sa mjerom u kojoj Mu vjerujemo i u skladu sa njegovom Riječju koju sprovodimo u djela u našim životima. Iako mi možda još uvijek nismo odbacili sve grešne prirode iz naših srca, kada mi sijemo i tražimo sa vjerom, mi primamo blagoslove koji su za potlačene, ugnjetavane i pregažene što je duplo više od onoga što smo posijali (Jevanđelje po Luki 6:38). Ali ako mi postanemo osvećeni i uđemo u duh boreći se protiv grijehova do tačke prolivanja krvi da bi ih u potpunosti odbacili, onda mi žanjemo blagoslove koji su 30 puta veći. Ako idemo dalje u potpunom duhu, mi možemo požnjeti blagoslove koji su 60 ili čak 100 puta veći.

Poglavlje 10

Blagoslov

„I reče GOSPOD Avramu: „Idi iz zemlje svoje i od roda svog i iz doma oca svog u zemlju koju ću ti ja pokazati; I učiniću od tebe velik narod, i blagosloviću te, i ime tvoje proslaviću, i ti ćeš biti blagoslov; Blagosloviću one koji tebe uzblagosiljaju, i prokleću one koji tebe usproklinju; i u tebi će biti blagoslovena sva plemena na zemlji." Tada pođe Avram, kao što mu kaza GOSPOD, i s njim pođe Lot. A bješe Avramu sedamdeset i pet godina kad pođe iz Harana."
(Postanak 12:1-4)

Bog želi da blagoslovi ljude. Ali ima slučajeva kada Bog izabere nekog za blagoslov, a ima i slučajeva kada neko sam izabere da uđe u okvir granica Božjeg blagoslova. Neki ljudi izaberu da uđu u Božje blagoslove, a onda ih napuste. A onda ima i onih koji nemaju nikakve veze sa blagoslovima. Pogledajmo najprije slučajeve kada Bog izabere nekoga za blagoslov.

Avram, otac vjere

Bog je prvi i poslednji, početak i kraj. On je dizajnirao tok istorije čovječanstva i On takođe nastavlja da je vodi. Recimo na primjer da gradimo kuću. Mi smo osmislili dizajn procjenjujući koliko dugo će trajati gradnja, koje materijale ćemo koristiti, koliko čelika i betona nam je potrebno, koliko stubova nam treba. Tako, ako mi pogledamo istoriju čovječanstva kao Božju kuću, tu postoji nekoliko ključnih ljudi koji su kao „stubovi" Božje kuće.

Da bi ispunili Njegovo proviđenje, Bog odabira određene ljude da kažu drugima da je Bog zaista živ i da Nebesa i Pakao zapravo postoje. Zbog toga Bog bira ove ljude da budu kao stubovi. A mi možemo primjetiti da se oni prilično razlikuju od običnih ljudi u smislu izgradnje njihovih srca i strasti prema Bogu. Jedan od ovih ljudi je Avram.

On je živio prije otprilike četiri hiljade godina. Bio je rođen u Uru Halkidona. Ur je drevni sumerijski grad koji se nalazio nizvodno i na zapadnoj obali rijeke Eufrat u kolijevci mesopotamijske civilizacije.

Avram je bio vrlo voljen i priznat od Boga da je bio prozvan „Božjim prijateljem." On je uživao u svakojakim blagoslovima od Boga uključujući potomstvo, bogatstvo, zdravlje i dug život. Ne samo to, ali kao što je Bog rekao u Postanku 18:17: „Kako bih tajio od Avrama šta ću učiniti?" Jasno je da je Bog otkrio Avramu čak i događaje koji će se destit u budućnosti.

Bog smatra vjeru za pravednom i daje Njegov blagoslov

Šta mislite da je Bog vidio u Avramu što Ga je toliko umilostivilo da je On prosipao tako mnogo blagoslova na njega? Postanak 15:6 kaže: „I povjerova Avram GOSPODU, a On mu primi to u pravdu." Bog je smatrao Avramovu vjeru kao pravednu.

Bog mu je rekao: „Idi iz zemlje svoje i od roda svog i iz doma oca svog u zemlju koju ću ti ja pokazati; i učiniću od tebe velik narod, i blagosloviću te, i ime tvoje proslaviću, i ti ćeš biti blagoslov" (Postanak 12:1-2). Bog mu nije rekao kuda tačno da ide, niti mu je objasnio kakvu vrstu zemlje da očekuje. Bog mu nije dao detaljan plan kako da živi svoj život nakon napuštanja svog rodnog grada. Jednostavno mu je rekao da ode.

Šta da je Avram imao tjelesne misli? Očigledno je da će on, kada jednom napusti kuću svoga oca, postati lutalica. Vjerovatno bi mu se rugali. Da je on razmatrao ove stvari, on možda ne bi mogao da se povinuje. Ipak, Avram nikada nije sumnjao u Božje obećanje blagoslova. On je samo vjerovao u Njega. Zbog toga se on bezuslovno povinovao i otišao. Bog je znao kakvu vrstu posude Avram ima i zato je Bog obećao da će se veliki narod oformiti kroz njega. Bog je također obećao da će on postati blagoslov.

Bog je također obećao Avramu u Postanku 12:3: „Blagosloviću one koji tebe uzblagosiljaju, i prokleću one koji tebe usproklinju. I u tebi će biti blagoslovena sva plemena na zemlji." Nakon toga, kada je Bog vidio kako se Avram odrekao svog prava i žrtvovao za svog sestrića Lota, Bog mu je dao još jednu riječ blagoslova. Postanak 13.14-16 kaže: „Podigni sada oči svoje, pa pogledaj s mjesta gdje si na sjever i na jug i na istok i na zapad; jer svu zemlju što vidiš tebi ću dati i sjemenu tvom do vijeka." I učiniću da sjemena tvog bude kao praha na zemlji." Bog mu je takođe obećao u Postanku 15:4-5: „„...nego koji će izaći od tebe taj će ti biti naslijednik." Pa ga izvede napolje i reče mu: „Pogledaj na nebo i prebroj zvijezde, ako ih možeš prebrojati." I reče mu: „Tako će ti biti sjeme tvoje."

Nakon što je Avramu dao ove snove i vizije, On je vodio Avrama kroz iskušenja. Zbog čega nam trebaju iskušenja? Recimo da trener izabere atletu sa ogromnim potencijalom—dovoljnim da predstavlja zemlju na Olimpijskim igrama. Ali taj atleta ne može automatski da postane osvajač zlatne medalje. Atleta mora da istraje i očuva se kroz mnogobrojne treninge i da uloži maksimalne napore da bi ostvario svoj san.

Isto je važilo i za Avrama. On je morao da dobije kvalitete i karakteristike koji su mu bili potrebni da bi ispunio Božje obećanje prolazeći kroz iskušenja. Tako, idući kroz ova iskušenja, Avram je odgovarao samo sa „Amin" i nije pravio kompromis sa svojim sopstvenim mislima. Takođe, on nije tražio sopstvenu korist, niti se odao sebičnosti ili mržnji, ozlojeđenosti, žalbi, tugi, ljubomori ili zavisti. On je jednostavno vjerovao u Božje obećanje blagoslova i povinovao se sa istrajnošću.

Onda mu je Bog dao još jedno obećanje. U Postanku 17:4-5, Bog je rekao Avramu: „Od Mene evo zavjet Moj s tobom da ćeš biti otac mnogim narodima. Zato se više nećeš zvati Avram nego će ti ime biti Avraam, jer sam te učinio ocem mnogih naroda. Daću ti porodicu vrlo veliku, i načiniću od tebe narode mnoge, i carevi će izaći od tebe."

Bog pravi kvalitetne posude kroz iskušenja

Neki ljudi se mole Bogu sa snovima koji proizilaze iz njihove pohlepe. Iz pohlepe, oni mogu tražiti od Boga dobar posao ili bogatstvo koje im ne paše. Ako se mi ovako molimo iz sebičnosti, mi ne možemo primiti odgovor od Boga (Jevanđelje po Jakovu 4:3).

Zbog toga se mi moramo moliti za snove i vizije koji dolaze od Boga. Kada mi imamo vjeru u Božju Riječ i povinujemo se, Sveti Duh uzima naša srca i vodi nas, tako mi možemo ispuniti naše snove. Mi čak možemo zaviriti i u jednu sekundu budućnosti. Ali ako mi pratimo vođstvo Svetog Duha koji zna sve što dolazi u budućnosti, onda mi možemo iskusiti Božju moć. Kada mi porušimo naše tjelesne misli i predamo se Hristu, Sveti Duh preuzima i vodi nas.

Ako nam Bog da san, mi ga moramo čuvati na sigurnom u našim srcima. Samo zato što se san nije ostvario poslije jednog dana, mjeseca ili godine molitve, mi ne treba da se žalimo. Bog, koji nam daje snove i vizije, ponekad nas vodi kroz iskušenja da bi nas učinio posudama koje su vrijedne ispunjenja tih snova i vizija. Kada mi postanemo ljudi koji znaju kako da se povinuju Bogu kroz ova iskušenja, tada se odgovara na naše molitve. Ali zbog toga što su Božje misli različite od ljudskih, mi moramo shvatiti da dok ne slomimo naše tjelesne misli i povinujemo se sa vjerom, ova iskušenja će se nastaviti. Zbog toga, mi moramo zapamtiti da su nam iskušenja data da bismo mogli da primimo odgovore od Boga, te umjesto da ih izbjegnemo mi treba da ih primimo sa zahvalnošću.

Bog priprema izlaz, čak i za vrijeme iskušenja

Ako se mi povinujemo, Bog čini da sve stvari sarađuju u cilju dobra. On će nam uvijek dati put izlaska iz iskušenja. U Postanku, poglavlje 12, vidjećete da nakon što je ušao u zemlju Hanansku, u kojoj je vladala velika glad, Avram je otišao niže u Egipat.

Zbog toga što je njegova žena Sara bila tako lijepa, Avram se plašio da bi neko u Egiptu mogao žudjeti za njom i ubiti njega da bi dobio nju. U to vrijeme, ovo je bilo prilično moguće, te je Avram predstavio kao sestru. Tehnički, Sara je bila njegova polusestra, te to nije bila laž. Ali u to vrijeme, Avramova vjera nije bila dovoljno kultivisana da bi on za sve konsultovao Boga. Tako je ovo bio slučaj kada je on produbio njegove tjelesne misli.

Sara je bila toliko lijepa da je faraon Egipta doveo u svoju palatu. Avram je mislio da je, govoriti ljudima da je njegova žena njegova sestra, bio najbolji način u datoj situaciji, ali to je dovelo do toga da je izgubio ženu. Kroz ovaj događaj, Avram je naučio veliku lekciju i od tog trenutka pa nadalje, on je naučio da sve povjeri Bogu.

Kao rezultat, Bog je doneo veliku kugu na faraona i njegovo domaćinstvo zbog Sare, te je faraon odmah vratio Saru Avramu. Zbog toga što je Avram zavisio od svojih tjelesnih misli, on je prošao kroz privremene teškoće, ali je na kraju on bio nepovređen i on je imao veliku materijalnu korist uključujući ovce, stoku, sluge i magarce. Kao što je zapisano u Poslanici Rimljanima 8:28: „A znamo da onima koji ljube Boga sve ide na dobro, koji su pozvani po namjerenju," za ljude koji su Njemu pokorni, Bog priprema izlaz iz iskušenja i ostaje sa njima kroz iskušenja. Oni trenutno mogu biti u teškoćama, ali će one na kraju proći sa vjerom i primiće blagoslove.

Recimo da neko živi iz dana u dan od svoje dnevne plate. Ako on poštuje Gospodnji Dan, njegova porodica će morati da gladuje tog dana. U toj situaciji, osoba sa vjerom će se povinovati Božjoj zapovijesti i poštovaće Božji Dan, čak i ako to znači gladovati. Da li će onda ta osoba i njegova porodica gladovati? Naravno da ne! Kao što je Bog poslao manu da bi nahranio Izraelce, Bog će sa ljubavlju nahraniti i obući i one koji se povinuju.

Zbog toga je u Jevanđelju po Mateju 6:25 Isus rekao: „Ne brinite se za život svoj, šta ćete jesti, ili šta ćete piti; ni za tijelo svoje, u šta ćete se obući." Ptice na nebu ne siju i ne žanju, niti čuvaju hranu. Ljiljani u polju ne trude se niti predu. Ali ih Bog hrani i oblači. Zar ne bi onda Bog vodio računa o Njegovoj djeci koja se Njemu povinuju i traže Njegovu volju da se ne bi suočili sa teškoćama?

Bog daje blahgoslove čak i za vrijeme iskušenja

Kada mi pogledamo one ljude koji su djelali u skladu sa Božjom Riječju i držali se na putu pravednosti, mi možemo vidjeti da i usred iskušenja, Bog čini da sve stvari rade za dobrobit na kraju. Iako se trenutne okolnosti pred njihovim očima čine teškim i zabrinjavajućim, okolnosti na kraju postanu blagoslov.

Kada je južno kraljevstvo Judeja bilo uništeno, Danilova tri prijatelja su uhvaćena u zarobljeništvo u Vavilonu. Iako su im prijetili da će ih baciti u peć, oni se nisu poklonili idolima i oni ni jednog trenutka nisu napravili kompromis sa svijetom. Zbog toga što su vjerovali u Božju moć, oni su vjerovali da iako ih bace u peć, Bog će moći da ih spasi. A i kada ne bi bili spašeni, oni su bili riješeni da se drže njihove vjere i da se ne klanjaju idolima. Takvu vrstu vjere su oni pokazali. Njima je Božji Zakon bio važniji od zakona njihove zemlje.

Čuvši za neposlušnost ovih mladih muškaraca, kralj se mnogo naljutio i podigao je temperaturu peći sedam puta više od prvobitne temperature. Danilova tri prijatelja su bili vezani i bačeni u peć. Ali zbog toga što ih je Bog štitio, ni dlaka sa glave im nije bila oprljena, niti je na njima bio ikakav miris vatre (Danilo 3:13-27).

Danilo je bio isti takav. Iako je postojao dekret koji je objavljivao da svako ko se moli nekom drugom čovjeku ili nekom drugom bogu osim kralja, biće bačen u lavlju jazbinu, Danilo se povinovao jedino Božjoj volji. On nije počinio grijeh prestanka molitve i prateći svoju svakodnevnu rutinu, on je nastavio da se moli okrećući se ka Jerusalimu tri puta dnevno. Konačno, Danilo je bio bačen u lavlju jazbinu, ali Bog je posalo anđele i zatvorio usta lavova, te je Danilo bio potpuno nepovređen.

Koliko je lijepo vidjeti da neko ne pravi kompromis sa svijetom da bi održao svoju vjeru! Pravedni žive samo od vjere. Kada udovoljite Bogu vjerom, On će odgovoriti blagoslovima. Čak i ako ste gurnuti skoro do ivice života, ako se povinujete i pokažete vašu vjeru do gorkog kraja, Bog će vam naći izlaz i On će uvijek biti sa vama.

Avram je takođe bio blagosloven usred iskušenja. Ne samo to, čak i ljudi koji su bili sa njim su bili blagosloveni zbog njega. Danas, voda je vrlo dragocijena u krajevima Bliskog Istoka gdje se nalazi Izrael. Bila je vrlo dragocijena i u Avramovo vrijeme. Ali gdje god da je Avram išao, vode ne samo da je bilo u izobilju, već zbog toga što je on bio tako blagosloven, njegov sestrić Lot je takođe bio blagosloven, te je imao mnogo stada i goveda, kao i srebra i zlata.

Tada u to vrijeme, imati mnogo stoke je značilo imati hrane u izobilju i veliko bogatstvo. Kada je njegov sestrić Lot uhvaćen za zarobljenika, Avram je uzeo njegovih 318 obučenih slugu da bi ga spasio. Ovo samo po sebi nam govori koliko je on bio imućan. Zbog Avrama, koji se revnosno povinovao Božjoj Riječi, zemlja i oblast u kojoj je on prebivao su bile blagoslovene, a ljudi koji su bili sa njim su takođe bili blagosloveni.

Ni kraljevi drugih, susednih kraljevina, nisu ništa mogli da učine Avramu jer je on bio visoko poštovan. Avram je primio sve blagoslove koje neko može primiti u toku života: slavu i sreću, moć, zdravlje i djecu. Kao što je zapisano u Knjizi Ponovljenog Zakona, poglavlje 28, Avram je bio ona vrsta osobe koja je primila blagoslove kada je došao i otišao. Takođe, kao istinsko Božje dijete, on je postao korijen blagoslova i otac vjere. Štaviše, on je uspio da razumije dubinu Božjeg srca, te je Bog čak mogao da podijeli Njegovo srce sa Avramom i da ga nazove Njegovim „prijateljem." Kakva slava i blagoslovi!

Avramove osobine posude

Razlog zbog kog je Avram bio tako blagosloven je bio zato što je on imao dobre „osobine posude." On je bio čovjek koji je imao onakvu vrstu ljubavi koja je opisana u 1. Poslanici Korinćanima, poglavlje 13 i on je ubirao devet plodova Svetog Duha kao što je opisano u Poslanici Galaćanima, poglavlje 5.

Na primjer, Avram je djelao sa dobrotom i ljubavlju u svim stvarima. On nikada nije mrzio, niti je sklapao neprijateljstva sa drugim ljudima. Nikada nije isticao tuđe slabosti i služio je svim ljudima. Zbog toga što je imao plod radosti, bez obzira na to koja su iskušenja dolazila na njegov put, on nikada nije bio tužan niti ljut. Zbog toga što je u potpunosti vjerovao Bogu, on je mogao uvijek da se raduje. Kakva god bila situacija, on nikada nije reagovao emotivno niti je donosio pristrasne odluke. On je bio strpljiv i uvijek je slušao Božji glas.

Avram je takođe bio milostiva osoba. Kada je morao da se

rastane sa svojim sestrićem Lotom, iako je bio stariji od Lota, on je Lotu davao pravo prvog izbora zemlje koju je želio. On je rekao: „Ako ti ideš lijevo, ja ću ići desno. Ako ti ideš desno, ja ću ići lijevo" i on je dozovoljavao Lotu da izabere bolju zemlju. Mnogi ljudi misle da bi osoba na višem položaju ili višeg ranga, treba da ima bolji izbor. Ipak, Avram je bio čovjek koji je mogao da se prepusti drugima i koji je služio i žrtvovao sebe zbog drugih.

Takođe, pošto je Avram kultivisao srce duhovne dobrote, kada je Lot trebalo da se suoči sa uništenjem, zajedno sa zemljom Sodoma, on se zauzeo u njihovo ime (Postanak 18:22-32). Kao rezultat, on je primio obećanje od Boga da On neće uništiti grad ako se u njemu nađe bar deset pravednih ljudi. Ipak, Sodoma i Gomora nisu imale deset pravednih ljudi i bili su uništeni. Ali čak i tada, Bog je spasio Lota zbog Avrama.

Kao što je zapisano u Postanku 19:29: „Ali kad Bog zatiraše gradove u onoj ravni, opomenu se Bog Avrama, i izvede Lota iz propasti kad zatre gradove gdje življaše Lot," Bog je spasio Avramovog voljenog sestrića Lota, da Avram ne bi imao tugu u srcu.

Avram je bio vjeran Bogu do tačke da je žrtvovao svog jedinog sina Isaka, koga je dobio u sto prvoj godini života. Bilo da je to bilo podučavanje svog sina, ili u odnosima sa svojim slugama i komšijama, on je bio tako savršen i vjeran Božjem domaćinstvu, da se moglo smatrati da je bio bez mane. On se nikada nije brzopleto suočavao ni sa kim; on je uvijek bio miroljubiv i blag. On je služio i pomagao drugima sa tako divnim srcem. I on je imao savršenu samokontrolu, da je sa svim što je činio, on se nikada nije neprikladno ponašao, niti prešao ikakve granice.

Na ovaj način, Avram je ubirao svih devet plodova Svetog Duha i nijedan plod mu nije nedostajao. On je takođe imao dobro srce. Uostalom, on je bio tako dobra posuda. Ipak, postati blagosloven čovjek kao što je Avram, uopšte nije teško. Mi samo treba da ga oponašamo. Pošto je Svemoćni Bog Stvoritelj naš Otac, zašto On ne bi odgovorio na molitve i zahtjeve Njegove djece?

Ovaj proces postajanja kao Avram uopšte ne bi trebalo da bude težak. Jedini težak dio su ako su nam naše sopstvene misli pred nama. Ako mi u potpunosti vjerujemo i zavisimo od Boga i povinujemo Mu se, onda će Avramov Bog voditi računa o nama i voditi nas putem blagoslova!

Riječnik i objašnjenje pojmova

Povinovanje i blagoslovi Noje, pravednog čovjeka

„Ovo su događaji Nojevi. Noje bješe čovjek pravedan i bezazlen svog vijeka; po volji Božjoj svagda življaše Noje. I rodi Noje tri sina: Sima, Hama i Jafeta" (Postanak 6:9-10).

Prvi čovjek Adam, proveo je dugo, dugo vremena u Edemskom Vrtu. Ali pošto je zgriješio bio je protjeran iz Rajskog Vrta i kasnije je došao da živi na zemlji. Otprilike 1000 godina kasnije, rodio se Noje kao Setov potomak, Set je bio čovjek koji je duboko poštovao Boga. Noje koji je bio i potomak Enoha, učio je iz podučavanja svog oca Lameha i djede Metusala i izrastao u čovjeka istine u središtu griješnog svijeta. Pošto je želio da Bogu da sve što je imao, on je zadržao čistotu svog srca i nije se oženio dok nije otkrio da je Bog imao poseban plan za njegov život. Tako se u petstotoj godini Noje oženio i osnovao porodicu (Postanak 5:32).

Noje je znao o presudi o potopu i da će ljudska kultivacija započeti ispočetka kroz njega. Zbog toga je posvijetio svoj život povinovanju Božjoj volji. Zato je Bog odabrao Noja koji je bio pravedan čovjek i koji će se cijelim svojim srcem povinovati Bogu u izgradnji arke bez odavanja sopstvenim mislima, razlozima ili izgovorima.

Duhovno značenje Nojeve arke

„Načini sebi kovčeg od drveta gofera, i načini pregratke u kovčegu; i zatopi ga smolom iznutra i spolja. I načini ga ovako; u dužinu neka bude trista lakata, u širinu pedeset lakata, i u visinu trideset lakata. Pusti dosta svjetlosti u kovčeg; i krov mu svedi ozgo od lakta; i udari vrata kovčegu sa strane; i načini ga na tri boja: donji, drugi i treći" (Postanak 6:14-16).

Nojeva arka je bila masivna struktura: 138 metara dugačka, 23 metra široka i 14 metara visoka, a bila je izgrađena prije otprilike 4500 godina. Kao rezultat uticaja ljudi iz Rajskog Vrta, Nojevo znanje i vještina su bili izvanredni, ali pošto je izgradio arku u skladu sa dizajnom koji mu je Bog dao, Nojeva porodica od osam članova i sve različite vrste životinja su mogle da prežive tokom 40 dana Potopa, ostavši na arki više od godinu dana.

Arka je duhovna simbolika Božje Riječi, a ulazak u arku simbolizuje spasenje. A tri palube na arci označavaju činjenicu da će Sveto Trojstvo—Otac, Sin i Sveti Duh—završiti istoriju ljudske kultivacije.

Planina Ararat, gdje je arka pristala

Osuda o potopu, koja se dogodila u središtu Božje pravednosti
„I reče GOSPOD Noju: „Uđi u kovčeg ti i sav dom tvoj; jer te nađoh pravedna pred sobom ovog vijeka." (Postanak 7:1).

„Jer ću do sedam dana pustiti dažd na zemlju za četrdeset dana i četrdeset noći, i istrebiću sa zemlje svako tijelo živo, koje Sam stvorio." I Noje učini sve što mu zapovjedi GOSPOD" (Postanak 7:4-5).

Bog je dao mnogo prilika ljudima da se pokaju prije poplave. Tokom svih godina koje su bile potrebne da se arka završi, Bog i Noje su proglašavali ljudima poruku o pokajanju, ali jedini koji su vjerovali i povinovali se Noju, bila je njegova porodica. Ulazak u arku označava ostaviti za sobom sve stvari na svijetu u kojima ste uživali i odbaciti ih.
Iako su ljudi otišli predaleko da bi mogli da se preokrenu, Bog im je dao upozorenje od sedam dana da se pokaju i da izbjegnu presudu. On nije želio da se oni suoče sa presudom. Sa srcemu punim ljubavi i milosti, Bog im je dao šansu do gorkog kraja. Ipak, nijedna osoba se nije pokajala niti ušla u arku. U suštini, oni su još više griješili! Konačno, oni su pali u osudu o Potopu.

O osudi

„... a za sud što je knez ovog svijeta osuđen."
(Jevanđelje po Jovanu 16:11).

„GOSPOD sudi narodima, sudi mi, GOSPODE, po pravdi mojoj, i po bezazlenosti mojoj neka mi bude." (Psalmi 7:8)

„A ti govoriš: „Nisam kriv, gnjev se Njegov odvratio od mene." Evo ja ću se preti s tobom što govoriš: „Nisam zgriješio."" (Jeremija 2:35)

„A ja vam kažem da će svaki koji se gnjevi na brata svog nizašta, biti kriv sudu; a ako li ko reče bratu svom: „Raka," Biće kriv skupštini; a ko reče: „Budalo," Biće kriv paklu ognjenom." (Jevanđelje po Mateju 5:22).

„... i izići će koji su činili dobro u vaskrsenje života, a koji su činili zlo u vaskrsenje suda." (Jevanđelje po Jovanu 5:29)

„I kao što je ljudima određeno jednom umrijeti, a potom sud," (Poslanica Jevrejima 9:27)

„Jer će onome biti sud bez milosti koji ne čini milosti; i hvali se milost na sudu." (Jakovljeva Poslanica 2:13).

„I vidjeh mrtvace male i velike gdje stoje pred Bogom, i knjige se otvoriše; i druga se knjiga otvori, koja je knjiga života; i sud primiše mrtvaci kao što je napisano u knjigama, po djelima svojim." (Otkrivenje Jovanovo 20:21)

Poglavlje 11

Grijeh u nepovinovanju Bogu

"Pa onda reče Adamu: "Što si poslušao ženu i okusio s drveta s kog sam ti zabranio rekavši: "Da ne jedeš s njega, zemlja da je prokleta s tebe, s mukom ćeš se od nje hraniti do svog vijeka. Trnje i korov će ti rađati, a ti ćeš jesti zelje poljsko; sa znojem lica svog ješćeš hljeb, dokle se ne vratiš u zemlju od koje si uzet; jer si prah, i u prah ćeš se vratiti.""
(Postanak 3:17:19)

Mnogi ljudi kažu da je život sam po sebi tegoba. U Bibliji se naglašava kako je bolno roditi se i živjeti u ovom svijetu. U Jovu 5:7, Elifas je rekao Jovu koji je bio uzbuđen: "Nego se čovjek rađa na nevolju, kao što iskre iz ugljevlja uzleću u vis." Osoba koja ima malo muka u životu, i osoba sa mnogo muka sa drugim životnim problemom. I nakon što se čovjek teško izmuči kako bi postigao neki cilj, i izgleda mu kao da je taj cilj donekle ispunjen, približio se suton života. Kada kucne čas, u tom trenutku će čak i najzdravija osoba doživjeti smrt.

Niko ne može da izbjegne smrt, pa ako se tako gleda, život je kao prolazna magla, ili kao visoki oblak. Iz kog razloga onda ljudi ulaze u najrazličitija iskušenja u ovom „ringišpilu" života? Prvobitni razlog je grijeh nepoštovanja Boga. Kroz Adama, Saula i Kaina, detaljno se vide posljedice grijeha nepoštovanja Boga.

Adam, čovjek koji je stvoren po Božjem liku

Tvorac je stvorio prvog čovjeka, Adama, po Svom liku, i zatim mu preko nozdrva udahnuo dah života, nakon čega je on postao živo biće, odnosno živi duh (Postanak 2:7). Bog je zasadio vrt prema istoku u Edemu i tu postavio čovjeka. Onda je On rekao: „Jedi slobodno sa svakog drveta u vrtu; ali s drveta od znanja dobra i zla, s njega ne jedi; jer u koji dan okusiš s njega, umrijećeš" (Postanak 2:16-17).

Pošto je uvideo da za Adama nije dobro da bude sam, Bog je uzeo jedno Adamovo rebro i stvorio Evu. Bog ih je blagoslovio i rekao im da budu plodni i da se množe. On mu je takođe dozvolio da vlada ribama u moru, pticama na nebu, i svim živim bićima koja se kreću po zemlji (Postanak 1:28). Nakon što su primili veliki blagoslov od Boga, Adam i Eva su imali dosta da jedu, imali su mnogobrojno potomstvo, i vodili prosperitetan život.

Na početku, kao i kod novorođenčeta, Adam nije imao nikakvo sjećanje. Bio je potpuno prazan. Međutim, Bog je išao sa Adamom i naučio ga mnogim stvarima, kako bi mogao da živi kao gospodar svih živih bića. Bog je Adama naučio o Sebi, univerzumu i duhovnim zakonima. Bog je takođe naučio Adama kako da živi kao duhovni čovjek. Prenio mu je znanje o dobru i zlu. Mnogo godina je Adam poštovao Božje riječi i živio dugo, dugo vremena u Edemskom Vrtu.

Adam je jeo zabranjeno voće

Dogodilo se to da su jednog dana neprijateljski đavo i Satana, gospodar vazduha, podstakli zmiju otrovnicu, koja je najlukavija od svih životinja, i preko nje iskušali Evu. Zmija je, podstaknuta od Satane, znala da je Bog rekao čovjeku da ne jede sa drveta usred Edemskog Vrta. Ali da bi uhvatila Evu, zmija otrovnica je pitala: „Je li istina da je Bog kazao da ne jedete sa svakog drveta u vrtu?" (Postanak 3:1).

Kako je Eva odgovorila na ovo pitanje? Ona je rekla: „Mi jedemo rod sa svakog drveta u vrtu; samo rod s onog drveta usred vrta, kazao je Bog: „Ne jedite i ne dirajte u nj, da ne umrete"" (Postanak 3:2-3 NKJV). Bog je izričito rekao: „Jer u koji dan okusiš s njega, zasigurno umriječeš" (Postanak 2.17). Zašto je Eva promenila Božje riječi „da ne bi umro?" „Da ne bi" znači „iz straha da." Ove riječi znače da ne postoji apsolutnost. „Imati strah od smrti" i „sigurno umrijeti" se razlikuju. Ovo dokazuje da ona nije urezala Božje riječi u svoje srce. Njen odgovor dokazuje da nije apsolutno vjerovala u činjenicu da će oni „sigurno umrijeti."

Okrutna zmija otrovnica nije propustila priliku i odmah je odgovorila: „Nećete vi umrijeti! Nego zna Bog da će vam se u onaj dan kad okusite s njega otvoriti oči, pa ćete postati kao bogovi i znati šta je dobro šta li zlo" (Postanak 3:4-5). Ne samo da je zmija otrovnica lagala, već je i podstakla pohlepu kod Eve! I zbog toga što je usadila pohlepu u Evine misli, drvo znanja o dobrom i lošem, koje Eva nije ni pomišljala da dodirne, ili da mu priđe blizu, je zapravo počelo da izgleda primamljivo i ukusno. Zapravo je izgledalo dovoljno dobro, toliko da učini nekog arogantnim! I na poslijetku, Eva je pojela zabranjeno voće i takođe ga dala svom mužu.

Rezultat Adamovog nepovinovanja Bogu

I ovako se Adam, praotac čovječanstva, oglušio o Božju zapovijest. Zato što Adam i Eva nisu iskreno urezali Božju riječ u srce, došli su u iskušenje neprijateljskog đavola i Sotone, i oglušili se o Božju zapovijest. I tako, baš kao što je Bog i rekao, Adam i Eva du došli do toga da neizbježno „moraju da umru."

Međutim, čitajući Bibliju, vidimo da nisu odmah umrli. Zapravo su živjeli još mnogo godina i imali mnogo djece. Kada je Bog rekao „sigurno ćete umrijeti," nije mislio samo na prostu fizičku smrt, kao kad neko prestane da diše. Mislio je na fundamentalnu smrt, odnosno umiranje duha. Na početku, čovjek je stvoren sa duhom koji može da komunicira sa Bogom, sa dušom koju duh kontroliše, i sa tijelom, koje služi kao oklop za duh i dušu (1. Solunjanima Poslanica 5:23). I tako, kada je čovjek prekršio Božju zapovijest, duh, koji upravlja čovjekom, je umro.

Iz razloga što je čovjekov duh umro zbog grijeha neposlušnosti prema Bogu, njegova komunikacija sa Bogom je prekinuta, pa tako on više ne može da živi u Edemskom Vrtu. Ovo je iz razloga što grešnik ne može da bude gdje je Bog prisutan. Ovde su počele teškoće za čovječanstvo. Bol kod žene prilikom porođaja je značajno povećan, u bolu će rađati; ona će čeznuti za mužem, a on će njom vladati. A čovjek je osuđen na svakodnevni težak rad cijelog života, kako bi dobio plodove zemlje koja je zbog njega prokleta (Postanak 3:16-17). Sve što je Tvorac napravio je prokleto zajedno sa Adamom, i moralo je s njim da pati. Povrh svega, svi Adamovi potomci, iz njegove krvne linije, su rođeni kao griješnici i krenuli su putem smrti.

Razlog zbog kojeg je Bog postavio drvo spoznaje dobra i zla

Neko bi mogao da se zapita: „Da li Svemoćni Bog nije znao da će Adam okušati zabranjeno voće? Ako je On znao, zašto ga je postavio u Edemski Vrt, i dozvolio Adamu da se ogluši o to? Da zabranjeno voće nije postojalo, zar to ne bi spriječilo Adama da zgriješi?" Međutim, da Bog nije postavio zabranjeno voće u Vrt, da li bi Adam i Eva iskusili zahvalnost, radost, sreću i ljubav? Svrha postavljanja zabranjenog voća u Edemskom Vrtu nije bila da nas natjera da krenemo putem smrti. To je bila Božja volja, kako bi nas naučio relativnosti.

Zato što je sve u Edemskom Vrtu istinito, ljudi unutar njega ne mogu da razumiju šta je neistina. Iz razloga što zlo tu ne postoji, ljudi zapravo ne znaju šta su mržnja, patnja, bolest i smrt. Tako, relativno govoreći, ljudi tu ne mogu da shvate koliko je zapravo njihov život srećan. Zbog toga što nikad nisu iskusili nesreću, ne znaju šta su istinska sreća i nesreća. Zato je drvo spoznaje dobra i zla bilo neophodno.

Bog je želio da ima pravu djecu, koja će razumijeti šta su prava ljubav i sreća.

Da je prvi čovjek Adam znao šta je istinska sreća dok je bio u Edemskom Vrtu, kako bi se onda oglušio o Boga? Zbog ovoga je Bog postavio drvo znanja u Vrt, i neguje čovjeka ovdje na zemlji kako bi on mogao da nauči relativnost stvari. Kroz ovaj proces negovanja, čovjek iskušava i uspjeh i neuspjeh, dobro i loše, sve kroz relativnost. Samo kada čovjek nauči istinu iz ovoga, stvarno će razumijeti i zavoljeti Boga cijelim svojim srcem.

Način kako se osloboditi od kletve koju je uzrokovao grijeh

Dok je Adam živio u Edemskom Vrtu, slušao je Boga i učio o dobroti od Njega. Ali nakon što je zgriješio, njegovi potomci su postali robovi neprijatelja đavola, i kako su generacije prolazile, sve više i više su bili iskvareni zlom. Kako je vrijeme prolazilo, postajali su sve više zli. Ne samo da su se rađali sa grijehom koji su naslijedili od roditelja, već su u svojim mislima prihvatali sve veći grijeh, kako su rasli i učili kroz ono što vide i čuju. Bog je znao da će Adam probati zabranjeno voće. Znao je da će njegov cijeli svijet postati ispunjen grijehom. Takođe je znao da će čovjek krenuti putem smrti. Zato je On na vrijeme pripremio Spasitelja, Isusa Hrista. Kada je došlo pravo vrijeme, poslao je Isusa na svijet.

Kako bi ljude naučio Božjoj volji, Isus je širio jevanđelje o nebeskom kraljevstvu, pokazivao znake i izvodio čuda. Zatim je razapet na krst i prolio je Svoju svetu krv kako bi platio cijenu grijeha čovječanstva. Zato, svako ko prihvati Isusa Hrista, dobiće Svetog Duha na dar. Put do spasenja je bio otvoren za one koji su odbacili neistinu i živeli u istini, prateći vodstvo Svetog Duha. Ako ljudi povrate sliku Boga koju su nekad izgubili i ako duboko poštuju Boga i drže se Njegovih načela, što je sva dužnost čovjekova (Knjiga Propovednika 12:13), onda mogu da uživaju u svim blagoslovima koje im je Bog pripremio. Oni mogu da uživaju ne samo u bogatstvu i zdravlju, već i u vječnom životu i vječnim blagoslovima.

Kao što je već objašnjeno, kada ugledamo Svjetlost, možemo da se oslobodimo zamke prokletstva grijeha. Kako samo umirujemo srce nakon što se pokajemo i ispovjedimo, odbacimo grijehe i odlučimo se da živimo po Riječi Božjoj! Kada vjerujemo u Božju Riječ i primimo molitvu, vidjećemo kako možemo da se oslobodimo bolesti, poteškoća, iskušenja i stradanja. Bog usađuje radost u Svoju djecu koja prihvate Isusa Hrista i žive u pravdoljublju, i oslobađa ih svih kletvi.

Rezultat Saulovog grijeha u nepovinovanju prema Bogu

Saul je po zahtevu Izraelaca postao prvi kralj. On je bio iz plemena Venjamin, i u Izraelu nije postojao elegantniji i plemenitiji čovjek. U vrijeme kada je Saul miropomazan kao kralj, bio je vrlo skroman i smatrao je sebe manje vrijednim od ostalih. Ali nakon što je postao kralj, Saul je počeo da čini protiv Božje volje. Omalovažio je položaj visokog svještenika i ponašao se budalasto (1. Samuelova Poslanica 13:8-13), i na kraju počionio grijeh u nepokoravanju.

U 15. poglavlju Samuelove Poslanice, Bog je rekao Saulu da potpuno uništi Amalićane, ali Saul to nije poslušao. Razlog zašto mu je Bog rekao da uništi Amalićane je zapisan u 17. poglavlju Izlaska. Dok su Izraelci išli u zemlju Hanan nakon odlaska iz

Egipta, Amalićani su zaratili protiv njih.

Zbog ovoga, Bog je obećao da potpuno izbriše sjećanje na Amalićane pod suncem (Izlazak 17:14), i zato što se Bog ne odriče svog obećanja, planirao je da ga ispuni stotinama godina kasnije, u Saulovo vrijeme. Kroz proroka Samuila, Bog je zapovjedio: „Zato idi i pobij Amalika, i zatri kao prokleto sve što god ima; ne žali ga, nego pobij i ljude i žene i decu i šta je na sisi i volove i ovce i kamile i magarce" (stih 3).

Međutim, Saul nije poslušao Boga. Kralja Agaga je zarobio, a takođe poveo nazad sa sobom najbolje od ovaca, volova, tovljenika, jagnjadi, i svega dobrog. Htio je da pokaže ljudima sve što je osvojio, kako bi ga oni veličali. Saul je uradio onako kako je on mislio da treba, ne slušajući Boga. Prorok Samuel mu je to objasnio na način koji Saul razumije, ali se Saul svejedno nije pokajao, već je izmišljao izgovore (1. Samuelova Poslanica 15:17-21). Saul je rekao kako je poveo sa sobom odabrane ovce i stoku kako bi narod mogao da prinese žrtve Bogu.

Šta mislite da je Bog odgovorio na ovaj grijeh neposlušnosti? 1. Samuelova Poslanica 15:22-23 kaže: „Gle, poslušnost je bolja od žrtve i pokornost od pretiline ovnujske. Jer je neposlušnost kao grijeh od čaranja, i nepokornost kao sujeverstvo i idolopoklonstvo." Grijeh neposlušnosti je sličan grijehu gatanja i idolopoklonstva. Gatanje je vradžbina, što je po Bogu ozbiljan grijeh, a idolopoklonstvo je grijeh koji Bog smatra užasnim.

Na kraju, Samuel je izgrdio Saula: „Odbacio si riječ GOSPODNJU, zato je i On tebe odbacio da ne budeš više car" (1. Samuelova Posalnica 15.23). Ali Saul se i dalje nije iskreno pokajao. Umjesto toga, kako bi održao dobru sliku o sebi, tražio je od Samuela da mu oda počast ispred svojih ljudi (1. Samuelova Poslanica 15:30). Šta je strašnije i tužnije nego biti odbačen od Boga? Ali, ovo se ne odnosi samo na Saula. Odnosi se i na nas, u današnje vrijeme. Ako ne poslušamo Riječ Božju, onda ne možemo da izbjegnemo posljedice tog grijeha. Ovo se takođe odnosi na naše nacije i porodice.

Na primjer, ako sluga ne posluša kralja i ponaša se po sopstvenoj volji, mora da plati kaznu za svoj grijeh. U porodici, ako dijete ne posluša roditelje i ponaša se pogrešno, koliko će tužni biti njegovi roditelji? Zato što neposlušnost uzrokuje takve nemire, uzrokovaće nakon toga i bol i patnju. Kao rezultat Saulove neposlušnosti prema Bogu, ne samo da je on izgubio čast i moć; već su ga mučili zli duhovi, i napokon, umro je na bojnom polju i dočekao bedan kraj.

Rezultat Kainovog grijeha u nepovinovanju prema Bogu

U 4. poglavlju Postanka, vidimo dva Adamova sina, Kaina i Avelja. Kain je bio farmer, a Avelj stočar. Kasnije, Kain je prineo žrtvu Bogu onim što je uzgajao na zemlji, a Avelj je prineo žrtvu Bogu prvim plodovima svog stada, i njihovim masnim djelovima. Bogu se svidjela žrtva koju je prineo Avelj, ali ne i ona koju je prineo Kain.

Kada je Adam proteran iz Edemskog Vrta, Bog mu je rekao da mora da prinese žrtvu krvlju životinje, kako bi mu bilo oprošteno (Poslanica Jevrejima 9:22). Adam je posebno učio svoje sinove postupku krvne žrtve, i Kain i Avelj su vrlo dobro znali kakvu je žrtvu Bog tražio. Avelj je imao dobro srce, pa je poslušao i uradio tačno kako je naučen, a prineo žrtvu kakvu je Bog tražio. Ali Kain je, sa druge strane, prineo žrtvu kakvu je on mislio da treba, po sopstvenim ubeđenjima. Zato je Bog prihvatio Aveljovu žrtvu, ali ne i Kainovu.

Isto se može primjeniti i na nas, u današnje vrijeme. Bog je zadovoljan kada ga obožavamo cijelim srcem, mislima, i ponajviše, duhom i istinom. Međutim, ako Ga obožavamo po sopstvenom nahođenju, i ako smo Hrišćani samo zarad sopstvene koristi, onda nemamo nikave veze sa Bogom.

U Postanku 4:7, Bog je rekao Kainu: „Nećeš li biti mio, kad dobro činiš? A kad ne činiš dobro, grijeh je na vratima; a volja je njegova pod tvojom vlašću, i ti si mu stariji." Bog je pokušavao da prosvijetli Kaina, kako ne bi zgriješio. Ali Kain nije mogao da savlada grijeh i na kraju je ubio svog brata.

Da je Kain imao dobro srce, okrenuo bi se od smjera u kome je išao, i zajedno sa svojim bratom, prinio bi žrtvu koja bi zadovoljila Boga, i ne bi bilo problema. Međutim, zato što je bio zao, okrenuo se protiv Božje volje. Ovako se izrodila ljubomora i ubistvo, što su djela mesa i kao rezultat osude, kletva je pala nad njim. Na kraju Bog je rekao Kainu: „I sada, da si proklet na zemlji, koja je otvorila usta svoja da primi krv brata tvog iz ruke tvoje. Kad zemlju uzradiš, neće ti više davati blaga svog; bićeš potukač i begunac na zemlji," i od tada, Kain je postao čovjek koji je stalno bježao (Postanak 4:11-12).

Do sada smo naučili, kroz živote prvog čovjeka Adama, kralja Saula i Kaina, kako je nepoštovanje Božje volje težak grijeh, i kakve velike posljedice proizilaze kao rezultat toga. Kada vjernik koji zna Božju Riječ a ne posluša je, on u stvari ne sluša Boga. Ako vjernik ne prima blagoslov napretka u svim oblastima svog života, to znači da na ovaj ili onaj način griješi protiv Boga.

Zato moramo da uništimo zid grijeha između nas i Boga. Bog je poslao Isusa Hrista i Riječ istine na ovaj svijet kako bi udahnuo istinski život čovječanstvu koje živi usred patnje izazvane grijehom. Ako ne živimo u skladu sa ovom riječju istine, doživećemo smrt.

Mi trebamo da živimo u skladu sa učenjima Gospoda koja nas vode do spasenja, vječnog života, odgovora na molitve, i blagoslova. Ne smijemo da vršimo grijeh neposlušnosti tako što ćemo stalno u sebi tražiti grijehe, pokajanje, i slušati Riječ Božju kako bi primili potpuno spasenje.

Poglavlje 12

„Hoću da istrijebim sa zemlje ljude"

„I GOSPOD videći da je nevaljalstvo ljudsko veliko na zemlji, i da su sve misli srca njihovog svagdja samo zle." Pokaja se GOSPOD što je stvorio čovjeka na zemlji, i bi mu žao u srcu. I reče GOSPOD: „Hoću da istrijebim sa zemlje ljude, koje Sam stvorio, od čovjeka do stoke i do sitne životinje i do ptica nebeskih; jer se kajem što Sam ih stvorio." Ali Noje nađe milost pred GOSPODOM. Ovo su događaji Nojevi. Noje bješe čovjek pravedan i bezazlen svog vijeka; po volji Božjoj svagda življaše Noje."
(Postanak 6:5-9)

Mi možemo videti u Bibliji koliko je veliki bio ljudski grijeh u Nojevo vrijeme. Bogu je bilo vrlo žao zbog toga što je stvorio čovjeka, da je On objavio da će On istrijebiti ljude sa zemlje kroz Presudu o Potopu. Bog je stvorio čovjeka, On je hodao sa njim i prosipao je Njegovu ljubav u izobilju na njega, te zašto bi On morao da nadnese nad čovjeka ovakvu presudu? Ispitajmo razloge Božje presude i kako možemo izbjeći Božji sud i umjesto toga primiti blagoslove.

Razlika između zle osobe i dobre osobe

U našoj interakciji sa ljudima, mi stičemo određena osjećanja o njima. Ponekad mi možemo osjetiti da li su oni zli ili dobri. Najveći dio ljudi koji su odrasli u dobroj sredini i primili odgovarajuća učenja imaju miroljubive ličnosti i dobra srca. Suprotno tome, ljudi koji su odrasli u teškim okolnostima, vidjevši i iskusivši mnoge zle stvari koje otstupaju od istine, vjerovatnije će imati ličnosti koje su postale uvrnute, te oni mogu biti veći zlotvori. Naravno, ima i onih koji završe idući putem neistine, iako su bili vaspitavani u dobroj sredini, kao i onih koji prevazilaze nepovoljne okolnosti sredine, te završavaju uspješno i sa dobrim srcima. Ali koliko ljudi može biti odgojeno u dobroj sredini i dobiti dobro obrazovanje, a povrh toga utrošiti svoje napore da žive dobar život?

Ako želimo da pogledamo ljude koji su dobri primjeri, možemo uzeti u obzir Djevicu Mariju koja je rodila Isusa i njenog muža Josifa. Kada je Josif saznao da je Marija ostala trudna, a nisu dijelili krevet, šta je on učinio? U skladu sa Zakonom u to vrijeme, osoba koja je počinila preljubu bila je kamenovana do smrti. Ipak, Josif je nije otkrio javnosti. On je želio da prekine njihovu vjeridbu tiho. Kako je on imao dobro srce!

Sa druge strane, primjer zle osobe bi bio Avšalom. Kada je njegov polubrat Amnon silovao njegovu sestru, on je odlučio u svom srcu da se osveti. Kada je On našao odgovarajuće vrijeme, Avšalom je ubio Amnona. On je takođe izgradio i ozlojeđenost prema svom ocu Davidu u vezi sa tom stvari. Konačno, on je poveo pobunu protiv svog oca. Svo ovo zlo je rezultiralo tragičnim krajem Avšalomovog života.

Zbog toga Jevanđelje po Mateju 12:35 govori: „Dobar čovjek iz dobre kleti iznosi dobro; a zao čovjek iz zle kleti iznosi zlo." Za mnoge ljude u toku njihovog odrastanja, bez obzira na njihove namjere, zlo prirodno biva posađeno u njima. Prije mnogo vremena, iako to nije bilo često, postojao je određeni broj ljudi koji su bili spremni da umru za svoju zemlju i za svoje ljude. Ipak, u današnje vrijeme je teško naći ovakve ljude. Iako oni postaju okaljani zlom, mnogo ljudi ni ne shvata šta je zlo i oni nastavljaju da žive misleći da su u pravu.

Zašto dolazi Božji sud

Kada pogledamo ono što je zapisano u Bibliji ili istoriji čovječanstva, bez obzira na vremenski period, kada su ljudski grijesi dostigli zenit, a onda prešli preko svih granica, stigao je Božji strašni sud. Mi možemo podijeliti Božji sud u tri glavne kategorije.

Kada Božji sud padne na nevjernike, on može pasti na cio narod, ili samo na pojednica. Ima slučajeva kada Božji sud može pasti i na Njegove ljude. Kada nacija kao cjelina počini grijeh koji prevazilazi etiku ljudskosti, velike teškoće padaju na cio narod. Ako pojedinac počini grijeh koji zaslužuje osudu, Bog će ga uništiti. Kada Božji ljudi zgriješe, oni budu disciplinovani. To je zato što Bog voli Njegove ljude; On dozvoljava iskušenja i teškoće da dođu na njih, da bi oni naučili iz svojih grešaka i da bi se okrenuli na drugu stranu.

Kao Stvoritelj, Bog ne samo da upravlja svim ljudima na svijetu, već kao Sudija, On takođe dozvoljava čovjeku da „požanje ono što je posijao." U prošlosti, kada ljudi nisu poznavali Boga, ako su onisa dobrim srcem tražili Boga i pokušali da žive u pravednosti, Bog im se ponekad otkrivao kroz snove i stavljao im do znanja da je živ.

Kralj Navuhodonosor vavilonskog carstva nije vjerovao u Boga, ali mu se Bog ipak otkrio u snu, prikazujući mu događaje koji će se desiti u budućnosti. On nije poznavao Boga, ali je bio dovoljno velikodušan da izabere elitu među zarobljenicima. On ih je naučio o vavilonskoj civilizaciji i čak ih postavio na ključne položaje u carstvu. On je to učinio jer je u jednom uglu svog srca, on priznao vrhovnog boga. Tako, čak i ako neko ne poznaje Boga, ako pokuša da ima ispravno srce, Bog će naći načina da otkrije da je On živi Bog i On nagrađuje tu osobu u skladu sa njenim djelima.

Generalno, kada nevjernici čine zlo, Bog ih neće disciplinovati osim ako je u pitanju nešto veoma ozbljno. Ovo je zato što oni ni ne znaju šta je grijeh i zato što oni nemaju ništa sa Njim. Oni su kao nezakonita djeca u duhovnom smislu. Oni će na kraju završiti u Paklu i već su osuđeni. Naravno, ako je njihov grijeh dostigao granicu, te oni nanose veliko zlo drugima i njihovo se zlo otrže kontroli bez ikakavog obzira prema čovječanstvu, čak i ako oni nemaju ništa s Njim, On ih neće tolerisati. Ovo je zato što je Bog sudija koji sudi između dobrog i zlog čitavog čovječanstva.

Djela Apostolska 12:23 govore: „Ali ujedanput udari ga anđeo Gospodnji, jer ne dade slave Bogu i budući izjeden od crvi izdahnu." Kralj Irod je bio nevjrenik koji je ubio Jakova, jednog od Isusovih dvanaest učenika. On je takođe zarobio Petra. Ali kada je on postao ponosan kao da je bog, Bog ga je napao i crvi su ga izjeli i on je umro. Čak i ako neko ne poznaje Boga, ako njegov grijeh pređe određenu granicu, on će primiti sud kao što je ovaj.

A šta je sa vjernicima? Kada su se Izrailjci klanjali idolima, udaljavali od Boga i počinili sve vrste grijehova, Bog ih nije jednostavno pustio na miru. On ih je prekorio i naučio ih kroz proroka, a ako oni još uvijek nisu htjeli da slušaju, On ih je kaznio da bi se okrenuli na drugu stranu.

Zapisano je u Poslanici Jevrejima 12:5-6: „Sine Moj, ne puštaj u nemar karanja Gospodnja, niti gubi volje kad te On pokara; jer koga ljubi Gospod onog i kara; a bije svakog sina kog prima." Bog interveniše kada Njegova voljena djeca griješe u njihovim djelima. On ih kori i disciplinuje da bi oni mogli da se pokaju, okrenu na drugu stranu i da bi mogli da uživaju u blagoslovenom životu.

* Zato što je čovjekovo bezakonje bilo veliko

Razlog zbog kog je Božji sud došao na zemlju je zato što je uvrnutost čovečanstva bila ogromna (Postanak 6:5). Onda, kako svet izgleda kada je bezbožnost čovjeka ogromna?

Prvo, ima slučaja kada ljudi zajedno kao cio narod, nagomilaju zlo. Ljudi mogu postati jedno sa predstavnikom njihovog naroda, kao što je predsjednik ili premijer, i zajedno nagomilati grijehe. Vrhunski primjer bi bila famozna nacistička Nemačka i Holokaust. Čitava zemlja Nemačka sarađivala je zajedno sa

Hitlerom da bi uništili Jevreje. Njihova metoda izvršenja ovog zlog čina je bila izuzetno okrutna.

Prema zapisanoj istoriji, otprilike 6 miliona Jevreja koji su živjeli u Nemačkoj, Austriji, Poljskoj, Mađarskoj i Rusiji, bili su divljački ubijeni brutalnim radom, mučenjem, izgladnjivanjem i ubijanjem. Neki su umrli goli u gasnim komorama, neki su bili živi zakopani u jamama u zemlji, a neki su umrli užasnom smrću kao živi ispitanici ljudskih eksperimenata. Kakva je onda bila sudbina Hitlera i Nemačke, koj su vodili ove zle činove? Hitler je počinio samoubistvo, a Nemačka je postala u potpunosti poražena nacija sa stalnom, istorijskom ljagom imena zemlje. Konačno, zemlja se podijelila na dva dijela, Istočnu i Zapadnu Nemačku. Oni koji su bili krivi za gnusne ratne zločine morali su da mijenjaju svoja imena i da bježe, seleći se iz mjesta u mjesto. Kada bi ih uhvatili oni bi dobijali smrtnu presudu.

Ljudi iz Nojevog vremena su takođe primili sud. Zbog toga što su ljudi tog vremena bili toliko puni grijeha, Bog je donio odluku da ih uništi (Postanak 6:11-17). Do dana poplave, Noje je uzvikivao o sudu koji dolazi, ali oni nisu slušali do samog kraja. U stvari, do momenta kada su Noje i njegova porodica ušli u arku, ljudi su još uvijek jeli i pili, vjenčavali se i uranjali u zadovoljstva. Prema Nojevom svjedočenju, čak i kada su vidjeli da pada kiša, oni nisu shvatali šta se događalo (Jevanđelje po Mateju 24:38-39). Kao rezultat, svi ljudi su umrli u poplavi osim Noja i njegove porodice (Postanak, poglavlje 7).

Takođe postoji i zapis u Bibliji u Avramovo vrijeme, o tome kako je Bog poslao sud ognja i sumpora na Sodomu i Gomoru jer su oni bili tako puni grijeha (Postanak, poglavlje 19). Dodatno, kroz ove primjere mi možemo vidjeti kroz istoriju gde je Bog donio različite sudove gladi, zemljotresa, kuge itd. na narode kao cjeline kada su oni u potpunosti bili puni grijeha.

Sledeće je pojedinačno primanje suda, bez obzira na to da li neko vjeruje u Boga ili ne, ako je nakupio zlo, njemu je suđeno u skladu sa tim šta su njegova djela zaslužila. Nečiji život može biti skraćen kao rezultat sopstvenog zla, ili u zavisnosti od stepena njegovog grijeha, on bi se suočio sa tragičnim krajem u njegovim poslednjim danima. Ipak, samo zato što neko umire ranije, to ne znači da je on ili ona primio presudu; jer ima slučajeva kao što su Pavle i Petar, koji su bili ubijeni iako su vodili pravedne živote. Njihove smrti su takođe bile pravedne smrti, te tako na Nebesima, oni sijaju kao sunce. Ima nekih pravednih ljudi iz prošlosti koji su, nakon isticanja istine pred kraljem, bili prisiljeni da popiju smrtonosni napitak koji je okončao njihov život. U ovim slučajevima, njihove smrti nisu bile rezultat suda uslijed grijeha, već pravedne smrti.

I u današnjem svijetu, bilo da je to narod ili pojedinac, grijeh čovječanstva je veliki. U najvećem dijelu, ljudi ne vjeruju u Boga kao u jednog istinskog Boga i oni su puni njihovih sopstvenih mišljenja. Oni ili jure za lažnim bogovima, idolima, ili vole više druge stvari od Boga. Seks prije braka je postao uobičajeno prihvaćen, a pokreti homoseksualaca i lezbejki za legalizaciju njihovih brakova kontinuirano napreduju. I ne samo to, droge haraju, tuče, neprijateljstva, mržnja i korupcija su svuda.

Postoji opis o kraju vremena u Jevanđelju po Mateju 24:12-14: „I što će se bezakonje umnožiti, ohladneće ljubav mnogih." Ali koji pretrpi do kraja blago njemu. I propovjediće se ovo jevanđelje o carstvu po svemu svijetu za svedočanstvo svim narodima, i tada će doći posljedak." Ovo je naš svijet upravo sada.

Kao što ne možete reći da li ima prljavštine na vašem tijelu kada ste u mraku, zbog toga što ima toliko mnogo grijeha na svijetu, ljudi žive u bezakonju, a ipak ne znaju da su njihova djela bezakonje. Zbog toga što su njihova srca toliko ispunjena bezakonjem, istinska ljubav se ne može sipati u njih. Nepovjerenje, nevjernost i sve vrste bola u srcu su široko rasprostranjene, jer se ljubav u ljudima ohladila. Kako Bog može, koji je besprekoran i bez ljage, da nastavlja da posmatra sve ovo?

Ako roditelj voli svoje dijete, a dijete ide pogrešnim putem, šta bi roditelj trebalo da učini? Roditelj će pokušati da ubijedi djete da se promjeni i ukoriće dijete. Ali ako dijete i dalje ne sluša, roditelj će pokušati da primjeni čak i kaiš da bi dozvao dijete pameti. Ali ako dijete čini stvari koje su ljudski neprihvatljive, roditelj se na kraju može odreći djeteta. Isto je i sa Bogom Stvoriteljem. Ako je ljudski grijeh toliko veliki da se ne razlikuje od životinja, Bog ne može ništa drugo, osim da donese sud nad njim.

* Zato što je misao srca zla

Kada Bog donese sud, On tuguje ne samo zato što je grijeh čovječanstva toliko veliki, već i zato što su ljudske misli zle. Osoba sa otvrdnulim srcem je takođe puna zlih misli. Ona je pohlepna i uvijek traži korist za sebe i ništa je ne zaustavlja da bi dobila bogatstvo i ona stalno ima zle misli. Ovo takođe može važiti i za narod, kao i za pojednica. Ovo može važiti i za vjernike. Iako neko priznaje da vjeruje u Boga, ako taj čuva Božju Riječ samo kao znanje u glavi i ne primjenjuje to na djela, on će nastaviti da traži korist samo za sebe, te će on uvijek imati zle misli.

Zbog čega mi bogoslužimo Bogu i slušamo Njegovu Riječ? To je zato da bismo djelali u skladu sa Njegovom voljom i da bismo postali pravedni ljudi kakvi Bog želi da budemo. Ali ima tako mnogo ljudi koji dozivaju: „Gospode, Gospode!", a ipak ne žive u skladu sa Njegovom voljom. Bez obzira na to što tvrde da su toliko posla uradili za Boga, zbog toga što su njihova srca zla, oni će primiti sud; i neće ući u Raj (Jevanđelje po Mateju 7:21). Ne pridržavati se Božjih zapovijesti ni zakona se smatra grijehom, a vjera bez djela je mrtva vjera, te takvi ljudi ne mogu primiti spasenje.

Ako smo mi čuli Božju Riječ, mi moramo odbaciti zlo i djelati u skladu sa tim. Onda, dok naša duša prosperira, mi ćemo prosperirati u svakom pogledu; i primićemo takođe blagoslov zdravlja. Tako bolesti, iskušenja i teškoće neće doći. A i ako dođu, sve stvari će raditi zajedno za dobrobit, te će one umjesto toga postati prilike za blagoslove.

Kada je Isus došao na ovaj svijet, ljudi kao što su dobroćudni pastiri, proročica Ana, Simeon i drugi, prepoznali su bebu Isusa. Ipak, fariseji i sadukeji koji su propovjedali da se strogo drže Zakona i koji su podučavali Zakon, nisu prepoznali Isusa. Da su bili potopljeni u Božju Riječ, onda bi dobrota bila u njihovim srcima i oni bi mogli da prepoznaju Isusa i da Ga prihvate. Ali pošto oni nisu bili promijenjeni u središtu njihovih srca, oni su bili razmjetljivi i usredsredili su se samo na to da spolja izgledaju osvećeno. Zbog toga su njihova srca bila žuljevita i oni nisu mogli da razumiju Božju volju, te nisu mogli da prepoznaju Isusa. Tako u zavisnosti od toga koliko dobrote i koliko zla imate u vašem srcu, ishodi se strahovito razlikuju.

Božja Riječ se ne može objasniti jednostavnim i jasnim jezikom samo ljudskim znanjem. Neki ljudi govore, da bismo znali tačno značenje Biblije, mi moramo proučavati hebrejski i grčki i tumačiti tekst u originalu. Onda, zbog čega fariseji, sadukeji i Visoki Svještenici nisu jasno razumijeli Bibliju—koja je zapisana na njihovom sopstvenom hebrejskom jeziku—i zašto oni nisu prepoznali Isusa? Ovo je zato što je Božja Riječ zapisana u nadahnuću Svetog Duha i može se jedino jasno razumijeti kada je neko nadahnut Svetim Duhom kroz molitvu. Biblija se ne može jednostavno tumačiti kroz bukvalno značenje.

Zbog toga, ako mi imamo neistinu u našim srcima ili želje mesa, očiju ili hvalisavi ponos života, onda mi ne možemo otkriti Božju volju, niti djelati u skladu sa njom. Ljudi današnjeg vremena su toliko zli da odbijaju da povjeruju u Boga; i ne samo to, čak i ako tvrde da vjeruju u Boga, oni i dalje djelaju u bezakonju i nepravednosti. Sve u svemu, oni ne djelaju u skladu sa Božjom voljom. Tako mi znamo da je Božji sud blizu.

* Zato što je svaka namjera srca uvijek zla

Razlog zbog kog Bog mora da sudi je taj što je svaka namjera ljudskog srca zla. Kada mi imamo zle misli, planovi koji proizilaze iz ovih misli su zli, a ove misli konačno dovode do zlih djela. Pomislite samo koliko se zlih planiranja dešava u današnjem društvu.

Mi vidimo ljude na ključnim vodećim pozicijama naroda, koji zahtjevaju mito u velikim svotama novca, ili stvaranje prljavih sredstava i zadiranje u uzavrelim svađama i tučama. Preovlađuju bezskrupulozne metode sticanja pristupa u javnim položajima, u vojnim skandalima i u svim drugim skandalima. Ima djece koja smišljaju ubistva svojih roditelja da bi se dokopala porodičnog bogatstva, a ima i mladih ljudi koji imaju različite zle planove da bi zaradili novac i potrošili ga na razvrat.

Čak i mlađa djeca danas imaju zle planove. Da bi dobili novac da odu do igraonice ili da bi kupili nešto što žele, oni lažu svoje roditelje, ili čak i kradu. I pošto su svi toliko zauzeti pokušavajući da udovolje sebi samima, svaka namjera srca i svako djelo mogu samo biti zli. Kada se civilizacija brzo razvija u materijalnom smislu, društvo brzo postaje preplavljeno dekadentnom kulturom i kulturom koja samo traga za zadovoljstvom. Upravo se sve ovo događa danas, kao u vrijeme Nojevo kada je grijeh dostigao vrhunac u svijetu.

Izbjeći Božju osudu

Ljudi koji vole Boga i oni koji su duhovno budni, govore da je povratak Gospoda vrlo blizu. I kao što je zapisano u Bibliji, znaci o kraju vremena, o kojima je Gospod govorio, počinju da se pojavljuju vrlo jasno. Čak i nevjernici često govore da se približavamo kraju. Knjiga Propovjednika 12:14 kaže: „Jer će svako djelo Bog iznijeti na sud i svaku tajnu, bila dobra ili zla." Zbog toga mi moramo znati da je kraj blizu i mi se moramo boriti protiv grijeha do tačke prolivanja krvi i odbaciti sve forme zla i postati pravedni.

Oni koji prihvataju Isusa Hrista i čija su imena zapisana u Knjizi Života na Nebesima, dobiće vječni život i uživaće u vječnim blagoslovima. Oni će biti nagrađeni u skladu sa njihovim djelima, te će biti onih koji su na položajima svijetlim kao sunce, a i onih koji su na položajima svijetlim kao mjesec ili zvijezde. Sa druge strane, nakon Suda velikog bijelog prijestolja, oni čije su misli srca bile zle i čija je svaka namjera bila zla i koji su odbili da prihvate Isusa Hristai koji nisu vjerovali u Boga, patiće čitavu vječnost u Paklu.

Tako, ako mi želimo da izbjegnemo Božji sud, kao što je zapisano u Poslanici Rimljanima 12:2, mi se ne smemo povinovati svijetu koji je pun svih vrsta korupcije i grijehova. Mi treba da obnovimo naša srca i da se transformišemo, da bismo mogli da dešifrujemo šta je Božjoj volji dobro, ugodno i savršeno i da djelamo u skladu sa tim. Kao što je Pavle priznao: „Ja umirem svakoga dana," mi se moramo predati Hristu i živeti u skladu sa Božjom Riječi. Na ovaj način naša duša mora da prosperira, da bismo mi uvijek imali dobre misli i da bismo djelali iz dobrote. Onda, mi ćemo prosperirati u svim oblastima naših života i bićemo dobrog zdravlja i na kraju ćemo uživati u vječnim blagoslovima na Nebesima.

Poglavlje 13

Ne idite protiv Njegove volje

„A Korej, sin Isara sina Kata sina Levijevog, i Datan i Aviron sinovi Elijavovi, i Avnan sin Faleta sina Ruvimovog pobuniše se, i ustaše na Mojsija, i s njima dvesta i pedeset ljudi između sinova Izrailjevih, glavara narodnih, koji se sazivahu na zbor i bjehu ljudi znatni. I skupiše se na Mojsija i na Arona i rekoše im: Dosta nek vam je; sav ovaj narod, svi su sveti, i među njima je Gospod; zašto se vi podižete nad zborom GOSPODNJIM?"
(Brojevi 16:1-3)

„A kad izgovori riječi ove, rasjede se zemlja pod njima, i otvorivši zemlja usta svoja proždre ih, i domove njihove i sve ljude Korejeve i sve blago njihovo. I tako siđoše sa svim što imahu živi u grob, i pokri ih zemlja i nesta ih iz zbora..."
(Brojevi 16:31-35)

Ako se mi povinujemo Riječi, držimo se Njegovih odredba i hodamo putem pravednosti, mi primamo blagoslove kada uđemo i kada izađemo. Mi primamo blagoslove u svim oblastima naših života. Suprotno tome, ako se mi ne povinujemo već se suprotstavljamo Božjoj volji, onda će sud doći na nas. Tako mi treba da postanemo istinsko Božje dijete koje Ga voli, povinuje Mu se cijelim srcem i djela u skladu sa Njegovim odredbama.

Osuda dolazi kada mi stojimo protiv Božje volje

Jednom, postojao je čovjek koji je bio pravedno ogorčen. On i nekoliko njegovih drugova su udružili svoju volju i planirali veliku revoluciju da bi pomogli svojoj zemlji. Kako se dan revolucije približavao, njihova volja je jačala. Ali izdaja jednog od njih dovela je do propasti čitavog plana da se spasi zemlja. Koliko je tužno i tragično kada greška jedne osobe dovede do toga da se dobra volja mnogo ljudi ne ostvari?

Siromašan čovjek i žena su se vjenčali. Mnogo godina su oboje zatezali njihov kaiš kako bi uštedjeli. Najzad su kupili nešto zemlje i počeli su da vode komforne živote. Onda odjednom, muž je postao zavisan od kockanja i pića i kao posljedica toga, prokockao je sve što su teškom mukom stekli. Možete li da zamislite kolika li je bila patnja ove žene?

Samo u odnosima među ljudima, mi možemo vidjeti da se tragedije dešavaju kada ljudi djelaju u suprotnosti sa voljom onog drugog. Onda, šta bi se desilo kada bi neko odlučio da djela u suprotnosti sa voljom Boga, koji je Stvoritelj univerzuma? Kada čitate Brojeve 16:1-3, tu postoji incident kad se Korej,

Datan i On, zajedno sa 250 obnovljenih poglavara dižu protiv Božje volje. Mojsije je bio njihov vođa, koga je Bog izabrao za njih. Zajedno sa Mojsijem, sinovi Izrailja su trebali da postanu istomišljenici da bi prevazišli težak život u divljini i da bi ušli u zemlju Hanansku. Ali desio se ovaj bolan događaj.

Kao rezultat, Korej, Datan i On, zajedno sa njihovim porodicama, bili su živi sahranjeni kada se zemlja pod njima otvorila i progutala ih. 250 poglavara je takođe bilo uništeno ognjem GOSPODNJIM. Zašto se ovo dogodilo? Suprotstavljati se vođi koga je Bog izabrao je isto kao suprotstavljati se Bogu.

Čak i u našim svakodnevnim životima, primjeri suprotstavljanja Božjoj volji se često dešavaju. Iako Sveti Duh poziva naša srca, mi jednostavno idemo protiv toga ako se Njegova volja ne uklapa u naše misli i želje. Što više djelamo u skladu sa našim mislima a ne u skladu sa Njegovim, to više idemo protiv Božje volje. Vremenom mi više nećemo moći da čujemo glas Svetog Duha. Zbog toga što mi djelamo u skladu sa našom sopstvenom voljom, mi utrčavamo u teškoće i nevolje.

Ljudi koji su išli protiv Božje volje

U Brojevima, u poglavlju 12, je scena u kojoj Mojsijev brat Aron i njegova sestra Marija govore protiv Mojsija jer je on oženio ženom Madijankom. Oni su ga optužili, govorivši: „Zar je samo preko Mojsija govorio GOSPOD? Nije li govorio i preko nas?" (stih 2) Odmah zatim, Božji gnjev pao je na Arona i Mariju, a Marija je postala leprozna.

Bog je onda viknuo na njih dvojicu, govoreći: „Prorok kad je među vama, Ja ću mu se GOSPOD javljati u utvari. I govoriću s njim u snu. Ali nije takav moj sluga Mojsije, koji je vjeran u svem domu mom; njemu govorim iz usta k ustima, i on Me gleda doista, a ne u tami niti u kakvoj prilici GOSPODNJOJ. Kako se dakle ne pobojaste vikati na slugu mog, na Mojsija?" (stihovi 6-8).

Pogledajmo onda šta znači ići protiv Božje volje, posmatrajući nekoliko primjera iz Biblije.

1) Izrailjci su bogoslužili idolima

Tokom Izlaska, sinovi Izrailja su vidjeli sopstvenim očima deset pošasti koje su pale na Egipat i kako se Crveno More razdijelilo pred njima. Oni su iskusili toliko mnogo različitih znakova i čuda, da su oni morali znati da je Bog, živi Bog. Ali šta su oni učinili dok je Mojsije bio na planini posteći 40 dana da bi primio Deset Božjih Zapovijesti? Oni su sagradili zlatno tele i obožavali ga. Bog je izdvojio Izrael za izabrane ljude i On ih je naučio da ne bogosluže idolima. Ali oni su išli protiv Božje volje i kao rezultat toga, oko tri hiljade njih je umrlo (Izlazak, poglavlje 32).

A u 1. Knjizi Dnevnika 5:25-26, zapisano je: „Ali kad zgriješiše Bogu otaca svojih i činiše preljubu za bogovima naroda one zemlje, koje Bog istrijebi isprijed njih. Podiže Bog Izrailjev duh Fula, cara asirskog i duh Teglat-Felasara, cara asirskog, i preseliše pleme Ruvimovo i pleme Gadovo i polovinu plemena Manasijinog, i odvedoše ih u Alu i u Avor i u Aru, i na rijeku Gozan, gdje ostaše do danas." Zbog toga što su Izrailjci bili prevrtljivi, obožavajući bogove zemlje Hananske, Bog je pokrenuo srce kralja Asirije da napadne i osvoji Izrael i da mnogo njih odvede u zarobljeništvo. Djela Izrailjaca protiv Boga izazvala su ovu katastrofu.

Razlog zbog kog je sjeverno kraljevstvo Izrael bilo uništeno od strane Asirije i zbog kog je južno kraljevstvo Judeja bilo uništeno od strane Vavilona, takođe je bilo zbog idiopoklonstva.

U današnjem smislu, to je kao obožavanje idola napravljenog od zlata, srebra, bronze itd. Isti je slučaj sa ljudima koji na sto stavljaju kuvanu glavu svinje i klanjaju se duhovima njenih preminulih predaka. Kakva je to sramotna scena kada se ljudi, kao najviši od svega stvorenog, klanjaju pred mrtvom svinjom i traže od nje blagoslove!

U Izlasku 20:4-5, Bog daje zapovjest govorivši: „Ne gradi sebi lik rezani niti kakvu sliku od onog što je gore na nebu, ili dole na zemlji, ili u vodi, ispod zemlje. Nemoj im se klanjati niti im služiti."

On je takođe jasno spomenuo kletve koji će doći na njih ako zapovjesti uzmu olako i ako im se ne povinuju. On je takođe rekao o blagoslovima koje će oni primiti ako zapovjesti ureže u njihova srca i ako ih se pridržavaju. On je rekao: „Ja sam GOSPOD Bog tvoj, Bog revnitelj, koji pohodim grijehe otačke na sinovima do trećeg i do četvrtog koljena, onih koji mrze na mene; a činim milost na hiljadama onih koji Me ljube i čuvaju zapovijesti Moje."

Zato, kada se mi osvrnemo oko nas, mi možemo vidjeti da porodice koje imaju istoriju obožavanja idola, doživljavaju mnogo različitih patnji. Jednog dana, članica crkve koja se klanjala pred idolom, doživjela je teškoću. Njena usta, koja su ranije bila normalna, postala su uvrnuta i toliko deformisana da nije mogla normalno da govori. Kada sam je upitao šta se dogodilo, ona mi je rekla da je bila u posjeti svojoj porodici za vrijeme praznika i da zbog toga što nije mogla da se odupre njihovom pitisku da se pokloni pred tradicionalnom žrtvom predacima, ona je poklekla i poklonila se. Sledećeg dana, njena usta su se iskrivila na jednu stranu. Na sreću, ona se u potpunosti pokajala pred Bogom i primila molitvu. Njena usta su bila iscijeljena i vratila su se u normalu. Bog je poveo putem spasenja dajući joj lekciju, da bi podrobno shvatila je idiopoklonstvo put uništenja.

2) Faraon je odbio da pusti Izraelce

U Izlasku, poglavlje 7-12, sinovi Izrailja, koji su bili robovi u Egiptu, pokušali su da napuste Egipat pod vođstvom Mojsija. Ali faraon nije želio da ih pusti, te je iz tog razloga velika nesreća pala na Faraona Egipta. Bog Stvoritelj je stvaralac života i smrti čovječanstva, zbog toga niko ne može ići protiv Njegove volje. Božja volja je bila za Izlazak ljudi Izraela. Ali faraon čije je srce otvrdnulo, umiješao se u Božju volju.

Zbog toga, Bog je donio deset pošasti na Egipat. Tokom tog vremena, čitava nacija je počela da se cijepa. Konačno, Faraon je protiv svoje volje pustio sinove Izrailja, ali je imao ozloeđenost u svom srcu. Tako je on ponovo odlučio da pošalje svoju vojsku za njima, čak i u Crveno more koje se bilo razdvojilo. Konačno, cijela egipatska vojska koja je bila u potjeri za njima, udavila se u Crvenom moru. Faraon je išao protiv Božje volje do gorkog kraja, te je sud došao na njega.

Pošto mu je Bog nekoliko puta pokazao da je On živi Bog, Faraon je trebalo da shvati da je Bog Jedini i jedini istinski Bog. Trebalo je da se povinuje Njegovoj volji. Čak i po ljudskim mjerilima, pustiti Izralijce da slobodno odu, bila je ispravna stvar.

Za jedan narod, da porobi čitavu drugu rasu, je jednostavno pogriješno. Štaviše, Egipat je izbjegao veliku glad zahvaljujući Josifu, sinu Jakovljevom. Uprkos činjenici da je prošlo 400 godina, to je bila istorijska istina, da je Egipat dugovao Izraelu za spas svog naroda. Ali umjesto da Izraelu vrate za milost koju su primili, Egipat ih je pritisnuo i doveo u položaj sličan ropstvu. Koliko je to zlo? Faraon koji je imao apsolutnu moć, bio je ponosna osoba puna pohlepe. Zato se on do kraja borio protiv Boga, te je primio Njegov konačni sud.

Ima ljudi kao što su ovi i u našem društvu danas, a Biblija nas upozorava da ih sud čeka. Uništenje čeka one koji odbiju da vjeruju u Boga zbog njihovog sopstvenog znanja i ponosa, kao i one koji budalasto pitaju: „Gdje je Bog?"

Čak i ako oni priznaju da vjeruju u Boga, ako oni zanemare Božje zapovijesti zbog njihovih sopstvenih hirova i tvrdoglavosti, ako oni gaje neprijateljstvo ili ogorčenje prema drugima, ili ako su vođe u crkvi i tvrde da rade teško za Božje kraljevstvo, a ipak zbog svoje ljubomore ili pohlepe uznemiruju i iritiraju druge oko sebe, oni se uopšte ne razlikuju od Faraona.

Znajući da je Božja volja za nas da živimo u Svjetlosti, ako mi nastavimo da živimo u tami, onda ćemo mi iskusiti iste vrste patnji koje doživljavaju nevjernici. Ovo je zato što Bog neprestano upozorava ljude, ali oni ne slušaju, već idu suprotno Božjoj volji, krećući se ka svjetovnom.

Suproto tome, kada neko živi u pravednosti, njegovo srce postaje čisto i zbog toga što njegovo srce počinje da oponaša Božje srce, neprijatelj đavo odlazi. Bez obzira na to kakvu ozbiljnu bolest on možda ima, bez obzira na iskušenja i teškoće sa kojima se on može susresti, ako on nastavi da djela u pravednosti pred Bogom, on će postati snažan i zdrav i sva iskušenja i teškoće će nestati. Ako je kuća prljava, pojavljuju se bubašvabe, miševi i sve vrste napasti. Ali ako je kuća očišćena i dezinfikovana, napasti u njoj više ne mogu da žive i prirodno nestaju. Ovo je isto.

Kada je Bog prokleo zmiju koja je iskušavala čovjeka, On je rekao da će ona „puzati na stomaku, i jesti prašinu čitavog života" (Postanak 3:14). Ovo ne znači da će zmija jesti prljavštinu sa zemlje. Duhovno značenje ovoga je da Bog govori neprijatelju đavolu—koji je podsticao zmiju—da jede meso čovjeka, koji je nastao iz praha. Duhovno, „meso" je nešto što se mijenja i skapava. Ono označava neistinu koja je put smrti.

Tako, neprijetelj đavo donosi iskušenja, nesreće i patnje ljudima od mesa koji griješe u središtu istine i konačno ih vodi putem smrti. Ipak, neprijatelj se ne može približiti svetim ljudima koji su bez grijeha i koji žive u skladu sa Božjom Riječi. Zbog toga, ako mi živimo u pravednosti, onda bolest, iskušenja i nesreće prirodno bježe od nas.

U Isusu Navinu, poglavlje 2, postoji osoba, koja je u suprotnosti sa faraonom bila paganin, ali je pomogla da se ispuni

Božja volja, te je kao rezultat primila blagoslove. Ova osoba ja bila žena koja se zvala Rava, koja je živjela u Jerihonu u vrijeme Izlaska. Nakon izlaska iz Egipta i lutanja po divljini koje je trajalo 40 godina, Izrailjci su prešli rijeku Jordan. Oni su se ulogorili i bili su spremni da napadnu Jerihon u bilo kom trenutku.

Rava nije bila Izrailjka, ali je bila čula za njih kroz vinovu lozu. Njoj je bilo palo na pamet da je GOSPOD Bog, koji je imao kontrolu nad čitavim univerzumom, bio na strani ljudi Izrailja. Ona je takođe znala da ovaj Bog nije bio onakav bog koji bi nesmotreno i nemilosrdno ubio bez razloga. Pošto je Rava znala da je GOSPOD Bog bio Bog pravednosti, ona je štitila Izrailjske špijune krijući ih. Pošto je Rava znala Božju volju i pomogla da se ispuni Njegova volja, ona i njena cijela porodica je bila spašena kada je Jerihon uništen. Mi takođe moramo ispunjavati Božju volju da bismo vodili duhovni život u kome možemo primiti rešenje na različite probleme i primiti odgovore na naše molitve.

3) Svještenik Jelisej i njegovi sinovi oteli su se iz Božjeg reda

U 1 Samuilu, poglavlje 2, mi vidimo da su sinovi Svještenika Jeliseja bili ljudi od bezakonja, koji su dirali hranu koja je bila odvojena na stranu da bi se prinela kao dar Bogu i čak spavali sa ženama koje su služile na ulazu u Šator Sastanka. Ipak, njihov otac Jelisej Svještenik ih je jednostavno ukorio riječima, a nije ništa učinio da stane na put zlu koje su oni činili. Na kraju, njegovi sinovi su bili ubijeni u ratu protiv Filistinaca, a Jelisej Svještenik je slomio vrat i umro kada je pao sa svoje stolice dok su mu sopštavali te vijesti. Jelisej je umro na ovaj način zbog grijeha neadekvatnog učenja njegovih sinova.

Isto važi i za nas danas. Ako mi vidimo ljude oko nas koji čine preljubu tjelesnog, ili koji odstupaju iz Božjeg reda i ako ih mi samo prihvatimo bez da ih naučimo o dobru i o zlu, onda se mi ne razlikujemo od Jeliseja Svještenika. Ovdje, mi moramo uvidjeti da li smo mi na bilo koji način kao Jelisej Svješteniki njegovi sinovi.

Isto važi i za trošenje desetka za sopstvene potrebe i za ponude zahvalnosti koji su odvojeni za Boga. Kada mi ne prisnosimo cijele desetke i ponude, to je kao krađa od Boga, zbog toga će kletva pasti na našu porodicu ili na narod (Malahija 3:8-9). Takođe, šta god da je odlučeno da bude ponuđeno Bogu, ne treba mijenjati ni za šta drugo. Ako ste vi već u vašem srcu odlučili da date ponudu Bogu, vi je morate izvršiti. A ako želite da je mijenjate za nešto bolje, onda morate ponuditi oboje, i prethodnu i kasniju ponudu.

Takođe, nije u redu za vođu ćelije ili za blagajnika grupe u crkvi da koristi sakupljene članarine onako kako on smatra primjerenim. Upotreba crkvenih sredstava za svrhu drugačiju od namjerene, ili upotreba novca odvojenog sa strane za određeni događaj u drugu svrhu, takođe potpada pod kategoriju „krađe od Boga." Štaviše, staviti ruku na Božje blago je krađa, kao što je učinio Juda Iskariotski. Ako neko ukrade Božji novac, on čini grijeh veći od grijehova Jelisejevih sinova i neće mu biti oprošteno. Ako je neko počinio ovakav grijeh i nije znao za bolje, on to mora priznati i u potpunosti se pokajati i ne smije nikad više da počini ovaj grijeh. Ljudi postaju prokleti zbog ovakvih grijehova. Tragični događaji, nezgode, i bolest dolaze u njihove živote i njima se ne može dati vjera.

4) Mladež koja je ismijavala Jeliseja i drugi slični slučajevi

Jelisej je bio moćan sluga Božji, koji je komunicirao sa Njim i za koga je On jamčio. Ali u 2. Knjizi Kraljevima, poglavlje 2, mi se susrećemo sa scenom u kojoj je mnogo mladih izašlo u grupi, prateći Jeliseja naokolo i ismijavajći ga. Oni su bili toliko zli da su ga pratili od unutrašnjosti grada cijelim putem do van grada vičući: „Poleti ćelo; poleti ćelo!" Konačno, Jelisej to više nije mogao da podnese te ih je prokleo u ime GOSPODA, a dvije ženke medvjeda su izašle iz šume i teško povredile 42 od njih. Pošto je u Bibliji zapisano da je 42 od njih umrlo, mi zaključujemo da je ukupan broj djece koji su uznemiravali Jeliseja u stvari bio veći.

Prokletstva i blaglosovi koji dolaze od sluge za koga Bog jemči, desiće se tačno kako oni to izgovore. Posebno ako se rugate, klevetate ili ogovarate osobu od Boga, to je kao da klevetate i rugate se Bogu. Zbog toga je to jednako kao ići protiv Božje volje.

A šta se desilo Jevrejima koji su Isusa zakucali za krst i vikali da Njegova krv padne na njih i njihove potomke? 70. godine n.e. Jerusalim je bio potpuno uništen od strane rimskog generala Titusa i njegove vojske. Broj Jevreja koji je tada bio ubijen je bio 1,1 milion ljudi. Nakon toga, Jevreji su se rasuli po svijetu i doživjeli raznorazna poniženja i progone. Onda, još šest miliona njih je poginulo od nacista. Kao što možete vidjeti, rezultat pobune i protivljenja Božjoj volji, doneće strahovite posljedice.

Jelisejev sluga Gijezije, bio je u sličnoj situaciji. Kao Jelisejev učenik koji je dobio odgovor u vatri, Jelisej je primio dva puta veće nadahnuće od svog učitelja. Tako je samo to što je on mogao da služi gospodaru kakav je bio Jelisej, bilo veliki blagoslov. Gijezije je lično prisustvovao mnogim znakovima koje je Jelisej izveo. Da se on samo povinovao Jelisejevim riječima i primio njegova učenja, on bi vjerovatno primio veću moć i veće blagoslove takođe. Nažalost, Gijezije to nije mogao da učini.

Bilo je vremena kada je Božjom moći, Jelisej iscijelio aramejskog vojskovođu Namana, koji je bio bolestan od lepre. Naman je bio toliko dirnut, da je želio da Jeliseju pokloni veliki dar. Ipak, Jelisej ga je jasno odbio. On je ovo učinio, jer se ne primivši dar, daje veća slava Bogu.

Ali, ne razumijevajući volju svog gospodara i zasljepljen materijalizmom, Gijezije je pojurio za generalom Namanom, slagao ga i primio darove. On je donio darove nazad i sakrio ih. Jelisej je već znao šta se dogodilo, te je dao šansu Gijeziju da se pokaje, ali je ovaj opovrgnuo optužbu i nije se pokajao. Kao rezultat, Namanova lepra je došla na Gijezija. To nije bilo samo protivno Jelisejevoj volji, već i Božjoj volji.

5) Lagati Svetog Duha

U Djelima Apostolskim, poglavlje 5, je incident u kome jedan par, Ananija i Safira, lažu Petra. Kao članovi rane crkve, oni su odlučili da prodaju svoje imanje i da Bogu ponude novac. Ali kada su konačno dobili novac, obuzela ih je pohlepa. Tako su oni dali samo dio novca i slagali govoreći da je to sav novac. Kao rezultat ovog djela, oboje su umrli. Ovo je bilo zato što oni nisu slagali samo čovjeka, već su slagali i Boga i Svetog Duha. Oni su iskušavali Duh Gospodnji.

Mi smo podjelili samo dio primjera, ali pored ovih, ima mnogo drugih incidenata u kojima ljudi idu protiv Božje volje. Božji Zakon ne postoji da bi nas kažnjavao, već da bi nam pomogao da shvatimo šta su grijesi, da nas vodi da se pouzdamo u moć Isusa Hristosa da bi ih prevazišli i konačno da nas vodi da primimo Božje blagoslove u izobilju. Pogledajmo sada sva naša prethodna djela, kako bismo uvidjeli da li je neko od njih protiv Božje volje, i ako jeste, mi treba da se u potpunosti preokrenemo na drugu stranu i da djelamo samo u skladu sa Božjom voljom.

Riječnik

Oganj i slama

„Oganj" je zatvorena komora u kojoj stvorena toplota služi za grijanje zgrada, uništavanje otpada, topljenje i obradu rude itd. U Bibliji se riječ „oganj" koristi da označi Božja iskušenja, osudu, Pakao itd. Danilova tri prijatelja, Sedrah, Misah i Avdenago su odbili da se poklone zlatnoj slici koju je postavio Navuhodonosor, te su ih bacili u vatreni oganj. Ipak, uz Božju pomoć, oni su izašli živi i nepovređeni (Prorok Danilo, poglavlje 3).

„Slama" su stabljike požnjevenog usjeva koje se koriste za poleganje i ishranu životinja, za pokrivanje kuća, tkanje ili pletenje korpi. U Bibliji, „slama" simbolično označava nešto što je beznačajno i bezvrijedno.

Šta je arogancija?

Arogancija je smatrati sebe boljim od drugih. To je gledanje na ljude sa visine i mišljenje: „Ja sam bolji od njih." Jedan od najčešćih uslova kada se kod nekog javlja ovakva vrsta ponosa, je kada neko misli da je voljen i priznat od strane vođe organizacije ili grupe kojoj pripada. Bog ponekad koristi ovu metodu davanja komplimenata, da bi neko mogao da otkrije da li ima ponositu prirodu.

Jedan od najčešćih oblika ponosa je suđenje i osuda drugih. Mi moramo biti posebno pažljivi da ne gajimo duhovni ponos koji dovodi do toga da sudimo drugima Božjom Riječi, koja bi trebalo strogo da se koristi kao osnova da bismo se u njoj mi sami ogledali. Duhovni ponos je vrlo opasan oblik zla, jer se ne može lako otkriti; zbog toga mi moramo posebno biti pažljivi da ne budemo duhovno arogantni.

Poglavlje 14

„Ovako veli Gospod nad vojskama..."

> *„ „„Jer, gle, ide dan, koji gori kao peć, i svi će ponositi i svi koji rade bezbožno biti strnjika, i upaliće ih dan koji ide," veli GOSPOD nad vojskama, i neće im ostaviti ni korijena ni grane." „A vama, koji se bojite imena mog, granuće Sunce pravde, i zdravlje će biti na zracima Njegovim, i izlazićete i skakaćete kao teoci od jasala. I izgazićete bezbožnike, jer će oni biti pepeo pod vašim nogama u dan kad ja učinim,"*
> *veli Gospod nad vojskama."*
> *(Malahija 4:1-3)*

Bog sudi svakom djelu; takođe i svem onom što je skriveno, da li je to dobro ili zlo (Knjiga Propovednika 12:14). Možemo vidjeti da je to sigurno tako, ako pogledamo istoriju čovječanstva. Ponosna osoba traži svoj interes. On gleda na druge s visine i nagomilava zlo da bi došao u posed velikog bogatstva. Međutim, na kraju ga čeka uništenje. Nasuprot tome, skroman čovjek koji duboko poštuje Boga može da izgleda glup ili da se suoči sa teškoćama u početku, ali na kraju dobija velike blagoslove i poštovanje svih ljudi.

Bog odbacuje ponosne

Uporedite dvije žene u Bibliji, Astinu i Ester. Kraljica Astina je kraljica kralja Asvira, kralja Persijskog carstva.

Jednog dana, kralj Asvir priredi gozbu i zatraži od kraljice Astine da dođe pred njega. Međutim, Astina, sva ponosna i izuzetno lijepa, odbi kraljev zahtjev. Kralj, koji se veoma razljutio, ukloni kraljicu sa njenog položaja. Šta je bilo drugačije sa Ester, koji je došla na položaj kraljice poslije Astine?

Ester, koja je postala kraljica, je prvobitno bila jevrejski zarobljenik koji je doveden u Vavilon za vrijeme vladavine kralja Navuhodonosora. Ester nije bila samo lijepa, već i mudra i skromna. U jednom trenutku njeni ljudi su doživjeli velike poteškoće zbog jednog Amalečanina po imenu Aman. Nakon toga, Ester je provela tri dana u postu i molitvi, a potom i odlučila da bi mogla i stradati ako bude morala, pročistila se, obučena u svoje kraljevske odore i stajala je ponizno pred kraljem. Zato što je postupala sa takvim poniznošću pred kraljem i svim drugim ljudima, ne samo da je zadobila kraljevu ljubav i povjerenje, nego je takođe bila u mogućnosti da izvrši veliki zadatak spasavanja sopstvenih ljudi.

Pošto je zapisano u Jakovljevoj Poslanici 4.6: „Gospod suproti se ponositima, a poniženima daje blagodat," mi nikada ne smijemo postati ponosna osoba koja je odbačena od strane Boga. A kao što je zapisano u Malahiji 4:1: „Svi koji rade bezbožno biće strnjika," u zavisnosti da li se koristi njegova ili njena mudrost, znanje i moć za dobro ili zlo, spoljašnost će se drastično razlikovati. Dobar primjer za ovo bi bili David i Saul.

Kada je David postao kralj, njegove prve misli su bile o Bogu, i on je pratio Njegovu volju. Davida je Bog blagoslovio zato što se ponizno molio pred njim, tražeći mudrost kako bi ojačao naciju i doneo mir svom narodu.

Saul je, međutim, postao pohlepan i brinuo se da ne izgubi svoj položaj kralja, pa je izgubio mnogo vremena pokušavajući da ubije Davida, koji je primao Božju ljubav i ljubav svog naroda. Zato što je bio ponosan, nije se obazirao na opomene proroka. Na kraju krajeva, on se ogradio od Boga, a umro je bednom smrću usred bitke.

Dakle, jasno razumijevajući kako GOSPOD Bog sudi ponosnima, trebalo bi da ga u potpunosti izbacimo. Ako se oslobodimo ponosa i postanemo skromni, Bog će biti zadovoljan nama i biće sa nama odgovarajući na naše molitve. Poslovice 16:5 kažu: „Mrzak je GOSPODU ko je god ponositog srca, i neće ostati bez kara ako će i druge uzeti u pomoć" (KJV). Bog mrzi ponosno srce toliko da će svako ko se uhvati za ruke sa ponosnim čovjekom biti kažnjen zajedno sa njim. Zli ljudi imaju tendenciju da se okupljaju sa zlim ljudima, a dobri ljudi sa dobrim. Ovo je takođe posljedica ponosa.

Ponos kralja Jezekilja

Hajde da detaljnije razmotrimo koliko Bog mrzi ponos. Među Izraelskim kraljevima, mnogi su počeli svoje vladavine s ljubavlju prema Bogu i poštovanjem Njegove volje, a onda su vremenom postali ponosni, okrenuli se protiv Božje volje, i nisu ga slušali. Jedan od tih kraljeva je kralj Jezekilja, 13. kralj južnog Kraljevstva Judeja.

Kralj Jezekilja, koji je postao kralj nakon svog oca, Ahaza, je bio voljen od Boga zato što je bio iskren, kao David. On je uklonio strane oltare i uzvišice, i srušio svete stubove unutar naroda. On je potpuno očistio narod svih idola koje Bog mrzi, kao što su Ašerovi stubovi koje je srušio (2. Knjiga Dnevnika 29: 3-30: 27).

Ali, kada je narod počeo da doživljava političke poteškoće zbog grešaka prethodnog kralja koji nije poštovao red i bio nepravedan, umjesto da se veže i uzda u Boga, Kralj Jezekilja je ušao u savez sa okolnim zemljama kao što su Egipat, Filisteja, Sidon, Moab, i Amon. Isaija je ukorio kralja Jezekilju u nekoliko navrata kako je počinio nesmotren čin koji je išao protiv volje GOSPODA.

Kako je bio pun ponosa, kralj Jezekilja nije slušao upozorenja Isaije. Na kraju krajeva, Bog je ostavio Judu samog, i Senahirib, kralj Asirije, je udario na Judu i pobjedio ga. Dakle, kralj Senahirib je pokorio Judu i uzeo 200.000 ljudi kao zarobljenike. I kad je kralj Senahirib zahtjevao da kralj Jezekilja plati ogromna obeštećenja, Jezekilja je ispunio ove zahtjeve skidanjem svojih dragocijenih nakita iz hrama i palate i pražnjenjem državnog trezora. Stvari iz Hrama ne treba da dira bilo ko. Ali pošto je Jezekilja dao ove svete predmete po svom nahođenju i za sopstveni opstanak, Bog nije mogao a da ga ne napusti.

Kako je Senahirib nastavio da preti Jezekilju čak i nakon davanja ogromnog obeštećenja, Jezekilja je konačno shvatio da više ništa ne može da uradi, pa je otišao pred Boga i molio, pokajući se i plačući pred Njim. Kao rezultat toga, Bog mu se smilovao, i porazio Asiriju. Možemo dobiti istu lekciju u našim porodicama, na radnom mjestu, u poslu, i u našim odnosima sa susjedima, i sa našom braćom i sestrama. Ponosna osoba ne može da prima ljubav; a kamoli da dobije pomoć u nevolji.

Ponos vjernika

Demoni ne mogu da uđu u osobu koja vjeruje u Boga, jer je Bog štiti. Međutim, postoje slučajevi u kojima demoni ulaze u ljude koji tvrde da vjeruju u Boga. Kako to može da se desi? Bog je suprotnost ponosu. Dakle, ako osoba postane ponosna do te mjere da se Bog okrene od njega, demoni mogu ući u njega. Ako osoba postane duhovno ponosna, Sotona može da izazove demone da ga zaposjednu i kontrolišu i uzrokuju da počini zlodjela.

Čak i ako ne bude zaposjedanja, ako vjernik postane duhovno ponosan, on može da iskrivi istinu i zbog toga postane uznemiren. Pošto ne poštuje Božiju Riječ, Bog nije s njim, i sve mu ne ide dobro u životu. Kao što je zapisano u Poslovicama 16:18: „Oholost dolazi pred pogibao, i ponosit duh pred propast" ponos ne donosi nikakvu korist. U stvari, to samo donosi bol i patnju. Moramo znati da je duhovni ponos apsolutni parazit, i mora biti potpuno uništen.

Pa kako da vjernici znaju da li su ponosni? Ponosna osoba misli da je u pravu, tako da ne prihvata tuđe kritike. Nedjelovanje u skladu sa Božjom Riječju je takođe jedan oblik ponosa, jer to pokazuje da neko ne poštuje Boga. Kada je David slomio Božju zapovijest i zgriješio, Bog ga je ukorio oštro, govoreći: „Prezreo si Mene" (2. Samuilova Poslanica 12:10). Dakle, kada se ne moli, ne voli, ne poštuje, i ne vidi drvo u sopstvenom oku, a ističe trun u tuđem, sve su to primjeri ponosa.

Gledanje sa visine na druge, i njihovo osuđivanje u skladu sa našim standardima, hvaljenje sebe, sa željom da se neko pokaže, sve su to oblici ponosa. Uključivanje u debate u svakoj prilici i verbalne prepirke su takođe oblici ponosa. Ako ste ponosni, vi želite da vam se služi i želite da se popnete na vrh. I, dok pokušavamo da napravimo korist i ime za sebe, počinjemo da nagomilavamo zlo.

Morate da se pokajete za ovu vrstu ponosa, i postanete ponizna osoba kako bi uživali u prosperitetnom i radosnom životu. Zato je Isus rekao: „Ako se ne povratite i ne budete kao djeca, nećete ući u carstvo nebesko"(Jevanđelje po Mateju 18:3). Ako osoba postane ponosna u srcu, i misli da je uvijek u pravu, i stalno pokušava da odbrani svoje samopouzdanje, i uključuje svoje misli, onda ne može da prihvati Božiju riječ tačno onako kakva je i djeluje u skladu sa tim, zato i ne može ni primiti spasenje.

Ponos lažnih proroka

Ako pogledate Stari Zavjet, vidjećete trenutke kada su kraljevi pitali proroke o budućim događajima, a zatim postupali u skladu sa njihovim savjetima. Kralj Ahab je bio sedmi kralj sjevernog kraljevstva Izraela, a u trenutku njegove smrti, u zemlji, obožavanje Vala je dominiralo, a na strani ispred, rat agresije sa Aramom bio je u punom ubrzanju. To je rezultiralo Ahabovom odbijanju da posluša upozorenja proroka Miheja, a umjesto toga je vjerovao riječima lažnih proroka.

U 1. Knjizi Kraljevima, u poglavlju 22, kralj Ahab pita Kralja Jošafata od Judina da mu se pridruži u vraćanju Ramota galadskog iz ruku kralja Arama. U to vrijeme, kralj Josafat, koji je volio Boga, predložio je da se prvo konsultuju sa prorokom, da traže Božju volju, prije donošenja bilo kakve odluke. Zatim, kralj Ahab je sazvao oko četiri stotinesto lažnih proroka koji su mu uvijek laskali, i pitao ih je za savjet. Oni su jednoglasno prorekli pobjedu Izraela.

Međutim, Mihej, pravi prorok, prorekao je da će biti poraz. Na kraju, Mihejevo proročanstvo je ignorisano, a dva kralja su se udružila i otišla u rat sa Aramom. Kakav je bio rezultat? Rat je završen bez pobjede na obe strane. I kralj Ahab se, kada je bio sateran u ćošak, prerušio u vojnika ne bi li se izvukao sa ratišta, ali je zadobio udarac slučajne strelice i umro je od gubitka krvi. To je bila posljedica je Ahabovog slušanja proročanstava lažnih proroka, a ne slušanje proročanstva Miheja, pravog proroka. Lažni proroci i lažni učitelji će dobiti Božiji sud. Oni će biti bačeni u Pakao-u jezero sumpora, što je sedam puta toplije nego u ognjeno jezero (Otkrivenje Jovanovo 21: 8).

Pravi prorok sa kojim Bog prebiva ima pravo srce pred Bogom, i na taj način, on je sposoban da proriče ispravno proročanstvo. Lažni proroci, koji samo pompezno nose ime ili poziciju, će izraziti svoje mišljenje, kao da je proročanstvo i voditi svoj narod u propast, ili izvesti svoje ljude na stranputicu. Bilo da se u okviru institucije porodice, zemlje ili crkve, ukoliko slušamo riječi dobrog i pravog lica, mi ćemo doživjeti mir prateći dobrotu. Ali, ako pratimo put zlih osoba, doći ćemo do iskustva patnje i razaranja.

Osuda za ljude koji čine sa ponosom i zlobom

1. Timoteju Poslanica 6:3-5 kaže: „Ako li ko drugačije uči, i ne pristaje na zdrave riječi Gospoda našeg Isusa Hrista i na nauku pobožnu, nadu se ne znajući ništa, nego bolujući od zapitkivanja i praznih prepiranja, oda šta postaje zavist, svađa, huljenje, zle misli, zaludna prepiranja onakvih ljudi koji imaju um izopačen i nemaju istine, koji misle da je pobožnost trgovina."

Božija Riječ sadrži svu dobrotu; zbog toga nije potrebna nikakva druga doktrina. Zato što je Bog savršen i dobar, samo Njegovo učenje je istina. Međutim, uobraženi ljudi, ne znajući istinu, govore o različitim doktrinama argumentovanjem i hvaljenjem sebe. Ako podignemo „kontroverzna pitanja," mi tvrdimo da samo mi u pravu. Ako imamo „osporavanje riječima" to znači da podižemo svoje glasove i raspravljamo se riječima. Ako imamo „zavist," to znači da želimo nanesti štetu nekome, ukoliko dobiju više ljubavi nego mi. Mi izazivamo „sukob" ukoliko se uključimo u argumente koji donose razdor među ljude. Ako smo postali umišljeni na ovaj način, naša srca postaju korumpirana, a mi činimo djela tijela-koje Bog mrzi.

Dakle, ako se ponosna osoba ne pokaje i ne vrati svojim putevima, Bog će okrenuti Svoje lice od njega, i on će dobiti presudu. Bez obzira koliko on viče, „Gospode, Gospode," i priznaje da vjeruje u Boga, ako se ne pokaje i ako nastavlja da čini zlo, na Sudnjem danu, on će biti bačen u vatru pakla zajedno sa svom drugom pljevom.

Blagoslovi pravednih koji se plaše Boga

Osoba koja istinski vjeruje u Boga će razbiti svoj ponos i zla djela, da bi postao pravedan čovjek koji se boji Boga. Šta to znači da se boje Gospoda Boga? Poslovice 8:13 govore: „Strah je GOSPODNJI mržnja na zlo; ja mrzim na ponositost i na oholost. I na zli put i na usta opaka." Ako mi mrzimo zlo i odbacimo sve oblike zla, mi smo postali ljudi koji u Božjim očima djeluju u pravednosti.

Za ovakve ljude, Bog proliva Njegovu obilnu ljubav i daruje ih spasom, odgovora na molitve i blagosilja ih. Bog je rekao: „A vama, koji se bojite imena mog, granuće Sunce pravde, i zdravlje će biti na zracima Njegovim, i izlazićete i skakaćete kao teoci od jasala. I izgazićete bezbožnike, jer će oni biti pepeo pod vašim nogama u dan kad ja učinim," veli Gospod nad vojskama" (Malahija 4:2-3).

Za one koji se boje Boga i Njegove komande, koje se odnose

na svaku osobu (Knjiga Propovjednika 12:13), Bog ih blagosilja bogatstvom, čašću i životom (Poslovice 22: 4). Zbog toga oni dobijaju odgovore na molitve, ozdravljenja i blagoslove, tako da mogu poskočiti okolo kao telad iz staje, i uživati istinsku radost.

U Izlazku 15:26, Bog je rekao: „Ako dobro uzaslušaš glas GOSPODA Boga svog, i učiniš što je pravo u očima Njegovim, i ako prigneš uho k zapovjestima Njegovim i sačuvaš sve uredbe Njegove, nijednu bolest koju sam pustio na Misir neću pustiti na tebe; jer sam ja GOSPOD, ljekar tvoj." Dakle, bez obzira na vrstu bolesti koja se nađe na putu, osoba koja se boji Boga će dobiti iscjeljenje i zdrav život, i na kraju, on će ući u raj i uživati vječnu čast i slavu.

Zbog toga moramo pažljivo pregledati sebe. I ako nađemo neke oblike ponosa i zla u nama, trebalo bi da se pokajemo i okrenemo od tih zlih puteva. Na kraju, hajde da postanemo pravedni ljudi koji se boje Boga poslušno i sa poniznošću.

Poglavlje 15

O grijehu, pravednosti i osudi

"Nego vam Ja istinu govorim: bolje je za vas da ja idem, jer ako Ja ne idem, Utješitelj neće doći k vama; ako li idem, poslaću Ga k vama. "I kad On dođe pokaraće svijet za grijeh, i za pravdu, i za sud; za grijeh, dakle, što ne vjeruju Mene; a za pravdu što idem k Ocu Svom; i više Me nećete vidjeti; a za sud što je knez ovog svijeta osuđen."
(Jevanđelje po Jovanu 16:7-11)

Ako mi vjerujemo u Isusa Hrista i otvorimo naša srca da bi Njega prihvatili kao našeg Spasitelja, Bog nam daje Svetog Duha kao dar. Sveti Duh nas vodi ka ponovnom rođenju i pomaže nam da razumijemo Božju Riječ. On djeluje na mnogo načina, vodii nas da živimo u istini i dovodi nas do potpunog spasenja. Zbog toga, kroz Svetog Duha, moramo naučiti šta je grijeh i znati kako da uvidimo razliku između onoga što je ispravno i pogriješno.

Takođe, moramo naučiti kako da se ponašamo pravedno, kako bi ušli u raj i izbjegli presudu pakla.

O grijehu

Isus je pričao svojim učenicima o tome kako će on morati da umre prikovan za krst i o nevoljama sa kojima će učenici morati da se suoče. On ih je takođe ohrabrio govoreći im da će Njegovo Vaskrsenje i Vaznesenje na nebo slijediti dolazak Duha Svetoga i svih divnih stvari koje će doći kao rezultat. Isusov uspon bio je neophodan korak za slanje Svetoga Duha, Utješitelja.

Isus je rekao da kada dođe Duh Sveti, On će suditi svijetu u pogledu grijeha, pravednosti i suda. Onda, na šta se misli da će Sveti Duh: „pokarati svijet za grijeh?" Kao što je zapisano u Jevanđelju po Jovanu 16:9: „za grijeh, dakle, što ne vjeruju Mene," ne vjerovanje u Isusa Hrista jeste grijeh, a ovo znači da ljudi koji ne vjeruju u Njega će se suočiti sa konačnim sudom. Zašto je onda ne vjerovanje u Isusa Hrista grijeh?

Bog ljubavi poslao je svog jedinog Sina, Isusa Hrista, u ovom svijetu da otvori put spasenja za čovječanstvo, koje je postalo rob grijeha zbog neposlušnosti Adama. Umiranjem na krstu, Isus je izbavio čovječanstvo od svih grijehova, otvorio vrata spasenja i postao je jedan i jedini Spasitelj. Stoga, ne vjerujući u ove stvari, znajući ih, samo po sebi je grijeh. I osoba koja ne prihvata Isusa Hrista kao svog Spasitelja ne može da dobije oproštaj grijeha, i on ili ona će ostati griješni.

Zašto On sudi o grijehu

Mi vidimo da postoji Stvoritelj Bog samo gledajući u sve što je stvoreno. Poslanica Rimljanima 1:20 kaže: „Jer šta se na Njemu ne može vidjeti, od postanja svijeta moglo se poznati i vidjeti na stvorenjima, i Njegova vječna sila i božanstvo, da nemaju izgovora." To znači da niko ne može da ima izgovor da ne vjeruje jer nije upoznao Boga.

Čak i mali ručni sat se ne može samo desiti slučajno bez ljudskog kreatora i proizvođača. Kako bi se onda najsloženiji i najkompleksniji svemir, upravo slučajno formirao sam po sebi? Samo posmatrajući svemir, čovjek može otkriti Božju božansku i vječnu silu.

I u današnje vrijeme, Bog pokazuje sebe ispoljavanjem znakova i čudesa kroz ljude koje On voli. Mnogi ljudi danas su vjerovatno doživjeli da barem jednom budu preobraćeni od nekog da vjeruju u Boga, jer On je stvaran. Neki ljudi su možda čak lično bioli svedoci čuda, ili čuli o tome od svjedoka iz prve ruke. Ukoliko, čak i nakon što je čuo o tim znacima i čudima, čovijek ne vjeruje, jer mu je srce otvrdlo, onda će na kraju ići putem smrti. To je ono što znači kad Pismo kaže da će Sveti Duh „će suditi svijetu u pogledu grijeha."

Razlog zašto ljudi ne prihvataju evanđelje je obično zato što žive život grijeha, dok jure za svojim pogodnostima. Misleći da je ovaj svijet sve, oni ne mogu da vjerujem u Raj i vječni život. U Jevanđelju po Mateju, u poglavlju 3, Jovan Krstitelj vapi za ljude da se pokaju, za carstvo nebesko koje je blizu. On takođe kaže: „Već i sekira kod korijena drvetu stoji; svako dakle drvo koje ne rađa dobar rod, siječe se i u oganj baca," (stih 10), i „Njemu je lopata u ruci Njegovoj, pa će otrijebiti gumno svoje, i skupiće pšenicu svoju u žitnicu, a pljevu će sažeći ognjem vječnim" (stih 12).

Farmer sije, njeguje i žanje plodove. On zatim odnosi žito u štalu i odbacuje pljevu. Bog radi na isti način. Bog gaji čovječanstvo i on vodi u vječni život djecu koja žive u istini. Ako oni jure po svijetu i ostaju griješnici, on mora da ih ostavi na miru da idu na put uništenja. Dakle, da bi postali žito i primili spasenje, moramo postati pravedni i pratiti Isusa Hrista s vjerom.

O pravednosti

Pod Božjem providenjem, Isus je došao na ovaj svijet i umro na krstu kako bi se riješio čovjekov problem grijeha. Međutim, on je bio u stanju da prevaziđe smrt, uskrsne, i uzdigne se na nebo, jer je imao originalni grijeh, bez posvećenih grijehova i On je živio u pravednosti. U Jevanđelju po Jovanu 16:10, Isus je rekao: „A za pravdu što idem k Ocu svom; i više me nećete vidjeti..." Postoji razumljivo značenje sadržano u ovim riječima.

Jer nije Isus imao grijeha ikakvog, bio je u stanju da ispuni svoju misiju za dolazak na ovaj svijet-On nije mogao da bude vezan za smrt, i On je vaskrsao. On je takođe išao pred Bogom Ocem u cilju dobijanja Raja kao prvog ploda vaskrsenja. To je ono što on naziva „pravednost." Dakle, kada prihvatamo Isusa Hrista, primamo dar Svetog Duha i dobijamo ovlašćenje da postanemo Božja djeca. Prihvatanjem Isusa Hrista udaljavamo se od djece đavola i idemo ponovnom rođenju kao sveta Božja djeca.

To je ono što znači da primimo spasenje tako što se nazivamo „pravednim" kroz vjeru. To nije zato što smo uradili nešto što zaslužuje spasenje. Mi primamo spasenje samo kroz vjeru i mi ne plaćamo cijenu. To je razlog zašto uvijek treba biti zahvalan Bogu i živjeti u pravednosti. Mi možemo povratiti sliku Božju kada se borimo protiv grijeha do tačke prolivanja krvi i izlivanja kako bi imitirali srce našeg Gospoda.

Zašto On sudi o pravednosti

Ako mi ne živimo u pravednosti, čak i nevjernici nam se rugaju. Vjera je potpuna kada je praćena djelima, i vjera bez djela je mrtva vjera (Jakovljeva Poslanica 2:17). To je kad nevjernici sude i osuđujue iz svoje perspektive, govoreći: „Kažeš da ideš u crkvu, a ipak piješ i pušiš? Kako možeš ići okolo griješan i prozivati sebe sljedbenikom Hrista?!" Dakle, ako, kao vjernik, vi primate Svetog Duha, ali ne živite pravednim životom, čime primate sud, to je ono što Pismo naziva „presuda o pravednosti."

U tom slučaju će Bog prekorit i disciplinovati Svoje dijete kroz Svetog Duha, tako da neće nastaviti da živi život grijeha. Dakle, razlog zašto Bog dopušta određene vrste ispitivanja i teškoća da dođu porodicama nekih ljudi, na radna mjesta, preduzećima, ili samima je da ih natjera da žive kao pravedni muškarac i žena. Osim toga, zbog toga što neprijatelj đavo i Sotona iznose optužbe protiv njih, Bog mora da dozvoli suđenja u skladu sa duhovnim zakonom.

Pisari i fariseji su bili uvjereni da su živjeli u pravednosti, jer su mislili da znaju zakon vrlo dobro i strogo ga čuvaju. Ali nam Isus govori da će, ukoliko naša pravednost prevazilazi književnike i fariseje, nećemo ući u carstvo nebesko (Jevanđelje po Mateju 5:20). Samo zvanjem, „Gospode, Gospode," ne mora da znači da imamo spasenje. U cilju dostignuća Nebesa, moramo da vjerujemo u Gospoda iz središta naših srca, da odbacimo svoje grijehe i da budemo usred pravednosti.

„Živjeti u pravednosti" ne znači samo slušati Božije Riječi i to kako da ga zadržimo u našim glavama kao puko znanje. To je postati pravedna osoba sa vjerom u našim srcima i djelovanje u skladu sa Njegovom Riječju. Samo zamislite kako bi bilo da je Raj bio pun prevaranata, pljačkaša, lažova, preljubnika, ljubomornih ljudi, itd. Bog ne kultiviše čovječanstvo da bi pljevu doveo na Nebesa! Božja namjera je da donese pšenicu-pravednike na Nebesa.

O osudi

Jevanđelje po Jovanu 16:11 kaže: „...a za sud što je knez ovog svijeta osuđen." Ovdje „knez ovog svijeta" označava neprijatelja đavola i Sotonu. Isus je došao na ovaj svijet zbog grijeha čovječanstva. On je završio delo pravednosti i ostavio konačnu osudu. Ali isto tako može se reći da je konačna osuda već doneta, jer samo kroz vjeru u Isusa Hrista čovjek može dobiti oproštaj grijehova i spasenje.

Oni koji ne vjeruju, će na kraju otići u pakao, tako da je to kao da su već dobili svoju osudu. Zbog toga Jevanđelje po Jovanu

3:18-19 kaže: „Koji Njega vjeruje ne sudi mu se, a koji ne vjeruje već je osuđen, jer ne vjerova u ime jedinorodnog Sina Božjeg. A sud je ovaj što Vidjelo dođe na svijet, i ljudima omile većma tama negoli Vidjelo; jer njihova djela bjehu zla."

Onda šta možemo učiniti da se izbjegne primanje osude? Bog nam je rekao da budemo trezveni, da djelamo pravedno i da prestanemo griješiti (1 Korinćanima 15:34). On nam je takođe rekao da se uzdržimo od svakog oblika zla (1. Poslanica Solunjanima 5:22). Da bi djelovali pravedno u Božijim očima, trebali bi se sigurno osloboditi od spoljašnjih grijehova, ali takođe moramo odbaciti i svako najmanje zlo.

Ako mi mrzimo zlo i ako se obavežemo na dobrotu, možemo odbaciti grijehe.

Možete pitati: „Jako je teško odbaciti čak i jedan grijeh; kako mogu izbaciti sve svoje grijehe?" Mislite na ovaj način. Ako pokušate da izvučete korijenje drveta jedno po jedno, veoma je teško. Ali, ako izvučete glavni koren, sve ostale manje grane korijena će se automatski iskorijeniti. Isto tako, ako se prvo fokusirate na oslobađanje najtežeg grijeha, postom i molitvom kad god to možete, možete odbaciti i druge griješne prirode takođe, zajedno sa tim jednim grijehom.

Unutar srca osobe su požuda mesa, požuda očiju i hvaljen ponos života. Ovo su neki od brojnih oblika zla koje je došlo od neprijatelja đavola. Zato čovjek ne može jednostavno da odbaci ove grijehe samo svojom snagom. Zato Sveti Duh pomaže onima koji čine napore da postanu posvećeni i koji se mole. Zato što je Bog zadovoljan njihovim naporima, On će im podariti milost i snagu. Kada ove četiri stvari-milost i snaga od Boga, naši napori, kao i pomoć Svetog Duha djeluju zajedno, onda definitivno možemo odbaciti naše grijehe.

Da bi ovaj proces obavio, prvo moramo sasjeći požudu očiju. Ako je nešto neistina, veoma je korisno za nas da je ne vidimo, da je ne čujemo ili da čak biti ne budemo blizu nje. Recimo da je tinejdžer vidio nešto sramotno na snimku ili na televiziji. Zatim se kroz požudu očiju srce aktivira, a tjelesne želje u srcu postanu stimulisane. Onda to izaziva tinejdžera da smisli zle planove i kada se ovi planovi pretvore u akciju, mogu nastati sve vrste problema. To je razlog zašto je toliko važno za sve nas da sasiječemo požudu očiju.

Jevanđelje po Mateju 5.48 kaže: „Budite vi dakle savršeni, kao što je savršen Otac vaš nebeski." A u 1. Poslanici Petrovoj 1:16, Bog govori: „Budite sveti, jer sam Ja svet." Neki ljudi mogu pitati: „Kako može neko postati savršen i svet kao Bog?" Bog želi da mi budemo sveti i savršeni. I da, ne možemo to ostvariti samo sopstvenim snagama. Ali, to je razlog zašto se Isus našao na krstu i zbog toga nam Sveti Duh, Utješitelj, pomaže. Samo zato što neko tvrdi da je prihvatio Isusa Hrista i poziva se na njega govoreći: „Gospode, Gospode," to ne znači da će otići na Nebesa. Mora odbaciti svoje grijehe i mora živjeti život pravednosti kako bi izbjegao presudu i ušao na Nebesa.

Sveti Duh osuđuje svijet

Onda, zašto će Sveti Duh doći da osudi svijet za grijeh, pravednost i osudu? Zato što je svet pun zla. Baš kao kada planiramo nešto, znamo da postoji početak i kraj. Ako se osvrnemo na različite znakove u svijetu danas, možemo vidjeti da je kraj blizu.

Bog Stvoritelj nadgleda istoriju čovječanstva sa jasnim planom koji se odnosi na početak i kraj. Ako pogledamo tok u Bibliji, postoji jasna razlika između dobra i zla, i postoji jasno objašnjenje da grijeh vodi u smrt, a da pravednost vodi u vječni život. Za one koji vjeruju u Boga, Bog ih blagosilja i boravi sa njima. Ali oni koji ne vjeruju u Njega na kraju dobijaju presudu i kreću putem smrti. Božji sud odavno nije u stanju mirovanja (2. Petrova Poslanica 2: 3).

Kao veliki potop u Nojevo vrijeme, i uništenje Sodome i Gomore za vrijeme Abrahama, kada je ljudska poročnost dostigla svoju granicu, Božji sud dolazi žestoko. Kako bi Izraelce oslobodio iz Egipta, Bog je dole poslao deset zla na Egipat. To je bila presuda za faraona zbog njegove arogancije.

I oko dvije hiljade godina prije, kada je Pompeja postala toliko korumpirana ekstremnom perverzijom i dekadencijom, Bog je nju uništio prirodnom katastrofom vulkanskih erupcija. Ako posjetite Pompeju danas, grad koji je bio pokriven vulkanskim pepelom i sačuvao se upravo onako kako je izgledao kada je uništen, jednim pogledom je moguće videti korupciju tog vremena.

Takođe, u Novom Zavjetu, Isus je jednom zaprijetio licemjernim književnicima i farisejima ponavljajući „Jadni ste" sedam puta. Da bi se svijet sačuvao strašnog suda i Pakla, on mora biti osuđen i prekoren.

U Jevanđelju po Mateju, u poglavlju 24, učenici pitaju

Gospoda o znakovima Njegovog dolaska i o kraju tog doba. Isus im je detaljno objasnio govoreći da će, bez presjedana, velika nevolja doći. Bog neće otvoriti vrata neba i izliti vodu ili vatru kao što je učinio u prošlosti, ali On će doneti presudu koja je u skladu sa tim vremenom.

Knjiga Otkrivenja Jovanovog prorokuje da će se najnovija oružja pojaviti, i biće velika materijalna razaranja nezamislivo velikog rata. Sada kada Božji plan za ljudski rast dođe do kraja, Velika Presuda će doći. A kada dođe taj dan, tu će biti presuda, da li će neko vječno živjeti u paklu, ili vječno na nebesima. Pa, kako bi smo da živimo sada?

Odbacite grijeh i živite život u pravednosti

Da bi se izbjegla presuda, moramo odbaciti svoje grijehe i živjeti u pravednosti.

I ono što je još važnije je da svaka osoba mora zaorati svoje srce Riječju Božjom, kao što seljak svoje polje ore. Moramo da oremo pored puta, na kamenitom tlu, i trnovitu zemlju pretvori u dobro, plodno zemljište.

Ali, ponekad se pitam: „Zašto je to, da Bog ostavlja nevjernike same, a ipak On dozvoljava takvim teškoćama da dođu do mene, vjernika?" To je zato što, kao kad buket cvijeća izgleda ljepše bez korijena, ali zapravo nema života, tako i nevjernici već stoje osuđenii i ići će u pakao, tako da ne moraju biti disciplinovani.

Razlog zbog čega nas Bog disciplinuje, je zato što smo Njegova prava djeca, a ne vanbračna djeca. Zbog toga, mi bi radije da budemo zahvalni za njegovo disciplinovanje (Poslanica

Jevrejima 12: 7-13). Kao što roditelji disciplinuju svoju djecu, jer ih vole i žele da ih izvedu do na pravi put, čak i ako to znači davanje batina, jer smo Božja djeca, kada je to potrebno, Bog će omogućiti određenim teškoćama da dođu do nas, kako bi nas poveo u spasenje.

Knjiga Propovjednika 12:13-14 kaže: „Glavno je svemu što si čuo: Boga se boj, i zapovijesti Njegove drži, jer to je sve čovjeku. Jer će svako djelo Bog izneti na sud i svaku tajnu, bila dobra ili zla" (KJV). Živjeti pravedno znači sprovođenje svih čovječjih dužnosti u našem životu. Pošto nam Božija Riječ kaže da se molimo, treba da se molimo. Jer On nam govori da zadržimo Gospodnji dan svetim, i mi ga trebamo držati svetim. A kada nam kaže da se ne sudi, ne treba suditi. Na taj način, kada održavam Riječ i djelujemo u skladu sa njom, primamo život i krećemo putem vječnog života.

Zbog toga, nadam se da ćete upisati sve ove poruke u vaša srca, da postanete žito koje nosi duhovnu ljubav opisanu u 1. Korinćanima Poslanici u poglavlju 13, devet plodova Svetog Duha (Poslanica Galaćanima 5: 22-23), i blagoslove blaženstva (Jevanđelje po Mateju 5: 3-12). Molitvu u ime Gospoda, kojom na taj način nećete samo primiti spasenje, već ćete postati Božja djeca koja sijaju poput sunca u kraljevstvu nebeskom.'

Autor
Dr. Džerok Li

Dr. Džerok Li je rođen u Muanu, Džeonam provinciji, Republika Koreja, 1943. godine. U svojim dvadesetim, Dr. Li je sedam godina patio od mnoštva neizlječivih bolesti i iščekivao smrt bez nade za oporavak. Jednog dana u proljeće 1974. god, njegova sestra ga je odvela u crkvu i kad je kleknuo da se pomoli, Živi Bog ga je momentalno izliječio od svih bolesti.

Od trenutka kad je Dr. Li sreo živog Boga kroz to divno iskustvo, on je zavolio Boga svim svojim srcem i iskrenošću, a u 1978. god., je pozvan da bude sluga Božji. Molio se revnosno uz nebrojene molitve u postu kako bi mogao jasno da razumije volju Božju, u potpunosti je ispuni i posluša Riječ Božju. Godine1982. je osnovao Manmin centralnu crkvu u Seulu, Koreja i bezbrojna djela Božja uključujući čudesna isceljenja, znaci i čuda se dešavaju u njegovoj crkvi.

U 1986. god. Dr. Li je zaređen za pastora na godišnjem Zasjedanju Isusove Sungkjul crkve Koreje i četiri godine kasnije u 1990.god. njegove propovjedi su počele da se emituju u Australiji, Rusiji i na Filipinima. U kratko vrijeme i u mnogim drugim zemljama, preko Radio difuzne kompanije Daleki Istok, Azija radio difuzne kompanije i Vašingtonskog hrišćanskog radio sistema.

Tri godine kasnije, 1993.god., Manmin centralna crkva je izabrana za jednu od „Svjetskih top 50 crkava" od strane magazina Hrišćanski svijet (Christian World) (SAD), a on je primio počasni doktorat bogoslovlja od Koledža hrišćanske vjere, Florida, SAD i 1996.god. Doktorat iz Službe od Kingsvej teološke bogoslovije, Ajova, SAD.

Od 1993.god., dr. Li prednjači u svjetskoj evangelizaciji kroz mnogo inostranih pohoda u Tanzaniji, Argentini, Los Anđelesu, Baltimoru, Havajima i Nju Jorku u Sjedinjenim Američkim Državama, Ugandi, Japanu, Pakistanu, Keniji, Filipinima, Hondurasu, Indiji, Rusiji, Njemačkoj, Peruu, Demokratskoj Republici Kongo, Izraelu i Estoniji.

U 2002-oj godini bio je priznat od strane glavnih hrišćanskih novina kao „svjetski obnovitelj" zbog svojih moćnih službovanja u mnogim prekomorskim pohodima. Izvanredan je bio njegov „Njujorški pohod 2006. god" održan u Medison skver gardenu, najpoznatijoj svjetskoj areni. Događaj je emitovan za 220 nacije a na njegovom „Ujedinjenom pohodu u Izrael 2009. god." održanom i

Međunarodnom konvencionalnom centru (International Convention Center (ICC)) u Jerusalimu on je hrabro izjavio da je Isus Mesija i Spasitelj.

Njegove propovjedi emitovane su za 176 nacija putem satelita uključujući GCN TV i bio je svrstan kao jedan od „Top 10 najuticajnijih hrišćanskih vođa" 2009-e i 2010-e godine od strane popularnog Ruskog hrišćanskog časopisa U pobjedu (In Victory) i novinske agencije Hrišćanski telegraf (Christian Telegraph) za njegovu moćnu svješteničku službu TV emitovanja i njegove inostrane crkveno pastorske službe.

Od Decembra 2016 god., Manmin Centralna Crkva ima zajednicu od preko 120 000 članova. Postoji 11000 ogranaka crkve širom planete uključujući 556 domaćih ogranaka crkve i do sad više 102 misionara su opunomoćena u 23 zemlje, uključujući Sjedinjene Države, Rusiju, Njemačku, Kanadu, Japan, Kinu, Francusku, Indiju, Keniju i mnoge druge.

Do datuma ovog izdanja Dr. Li je napisao 105 knjiga, uključujući bestselere: Probanje Vječnog života prije smrti, Moj život Moja vjera I & II, Poruka sa krsta, Mjera vjere, Nebo I & II, Pakao i Moć Božja. Njegove knjige su prevedene na više od 76 jezika.

Njegove Hrišćanske rubrike se pojavljuju u Hankok Ilbo, JongAng dnevniku, Dong-A Ilbo, Munhva Ilbo, Seul Šinmunu, Kjunghjang Šinmun, Hankjoreh Šinmun, Korejski ekonomski dnevnik, Koreja glasnik, Šisa vijesti, i Hrišćanskoj štampi.

Dr. Li je trenutno na čelu mnogih misionarskih organizacija i udruženja. Pozicije uključuju: Predsjedavajući, Ujedinjene svete crkve Isusa Hrista; predsjednik, Manmin svjetska misija; stalni predsednik, Udruženje svjetske hrišćanske preporodne službe; osnivač i predsjednik odbora, Globalna hrišćanska mreža (GCN); osnivač i član odbora, Mreža svjetskih hrišćanskih lekara (WCDN); i osnivač i član odbora, Manmin internacionalna bogoslovija (MIS).

Druge značajne knjige istog autora

Raj I & II

Detaljna skica predivne životne okoline u kojoj rajski stanovnici uživaju i preljepi opisi različitih nivoa nebeskih kraljevstva.

Moj Život Moja Vjera I & II

Najmirisnija duhovna aroma izvučena iz života koji je cvjetao sa neuporedivom ljubavlju za Boga, u sred crnih talasa, hladnih okova i najdubljeg očaj.

Probanje Vječnog Života Prije Smrti

Zavjetni memoari Dr. Džeroka Lija, koji je rođen ponovo i spašen iz doline senke smrti, i koji vodi primjeren Hrišćanski život.

Mera Vjere

Kakvo mjesto stanovanja, kruna i nagrade su spremne za vas u raju? Ova knjiga obezbjeđuje mudrost i smjernice za vas da izmjerite vašu vjeru i gajite najbolju i

Pakao

Iskrena poruka cijelom čovječanstvu od Boga, koji ne želi da ijedna duša padne u dubine Pakla! Otkrićete nikad do sad otkriveni iskaz o okrutnoj stvarnosti Nižeg Hada i Pakla.

www.urimbooks.com

www.ingramcontent.com/pod-product-compliance
Lightning Source LLC
LaVergne TN
LVHW012013060526
838201LV00061B/4282